Barbara Schinko

Glücksorte in und um Linz

Fahr hin & werd glücklich

Dieses

Glücksbuch

ist für

Liebe Glücksuchende,

die Industrie-, Kultur- und Technologiemetropole Linz war schon vor über 500 Jahren wichtige Messestadt und sogar kaiserliche Residenz. Hier traf Kaiserin Sissi ihren Bräutigam, hier wohnte Kaiser Ferdinand I. einem denkwürdigen Turnier bei. Hier orgelte Anton Bruckner, besuchte Beethoven Familie, ließ Franz Schubert sich den Gerstensaft schmecken und komponierte Mozart die „Linzer Sinfonie". Hier wurde (und wird!) die älteste Torte der Welt gebacken.
Das Glück thront auf der Spitze des Pöstlingbergs oder liegt in Grotten verborgen. Es funkelt und strahlt wie die Beleuchtung des Ars Electronica Centers und des Kunstmuseums Lentos zu beiden Seiten der Nibelungenbrücke. Denn das „Lentos" der Kelten, das „Lentia" der Römer, das mittelalterliche „Lintze" und das heutige Linz haben eines gemeinsam: Sie alle warten nur darauf, entdeckt zu werden.
In diesem Sinne lade ich Sie auf einen gemeinsamen Streifzug ein und darf Ihnen dafür auf gut Oberösterreichisch „Ois Guade und vü Glick" („Alles Gute und viel Glück") wünschen!

Barbara Schinko

Deine Glücksorte ...

... noch mehr Glück für dich

Willkommen in der Zukunft

1 Zeitreise im Ars Electronica Center

Was darf's heute sein? Die Glücksuchenden, darunter einige Familien mit Kindern, drängen sich vor der Tür im Foyer des Ars Electronica Centers. Sie führt in den Deep Space 8K. In diesem ganz besonderen Kinosaal werden Projekte in hoher Auflösung an Boden und Wände projiziert, oft in 3D. Der Fantasie sind kaum Grenzen gesetzt. Interaktive Blumenwiese? Einmal in etwas mehr als zwei Minuten das legendäre Hahnenkamm-Rennen auf der Streif bewältigen? Oder gleich eine Reise durchs Universum bis zum Mond?

Andere Museen beschäftigen sich mit den Errungenschaften der Vergangenheit. Im Linzer Ars Electronica Center, kurz AEC genannt, liegt der Fokus auf der Zukunft. Und das schon seit der Eröffnung im Jahr 1996. Wo sich einst das Gasthaus Zur alten Donaubrücke befand, verspricht seither ein moderner, mit Glas umhüllter Bau Einblicke in das Spannungsfeld Kunst – Technologie – Gesellschaft. Dieses Zusammenspiel hat in Linz Tradition: Nicht zufällig teilt sich das AEC seinen Namen mit dem jährlich abgehaltenen Festival Ars Electronica, das hier schon in den späten 1970er-Jahren erstmals stattfand.

TIPP

Von der Spitze der AEC-Stiege bietet sich Besuchern ein schöner Blick über das Urfahrmarkt-Gelände.

Anlässlich des Kulturhauptstadtjahres 2009 wurde das AEC großzügig umgebaut und erweitert. Der neue Gebäudeteil ist die mit 52 Sitzstufen versehene AEC-Stiege, darunter liegt das hauseigene Forschungslabor Futurelab. Denn das AEC versteht sich bei Weitem nicht nur als Museum! Auch der eingangs erwähnte Deep Space 8K erfährt durchaus praktische Anwendungen, etwa als Anatomiesaal für Medizinstudenten oder auch für Kunsthistoriker, die jeden Pinselstrich eines Gemäldes aus der Nähe betrachten möchten.

Einen wichtigen Teil der Ausstellung nimmt das Thema künstliche Intelligenz ein: von humoristisch überspitzten bis hin zu düster beklemmenden Anwendungsmöglichkeiten, welche zum Teil schon im Alltag existieren. Wer in die zahlreichen interaktiven Exponate eintaucht, begreift rasch: Unsere Zukunft wird so sein, wie wir sie gestalten. Also packen wir es an!

● Ars Electronica Center, Ars-Electronica-Straße 1, 4040 Linz, Tel. +43 (7 32) 72 72 0
www.aec.at

● ÖPNV: Straßenbahn 1, 2, 3, 4, Haltestelle Rudolfstraße

Unter Wasser

2 Flanieren und Entspannen an der Donaulände

Man sollte nie behaupten, die Linzer wären nicht lernfähig! Nachdem im Jahr 1954 ein Hochwasser große Teile der Innenstadt unter Wasser gesetzt hatte, trafen sie Maßnahmen, um eine Wiederholung zu verhindern. Der Hafen wurde verlegt. Dämme wurden aufgeschüttet. Am Ufer der Donau entstand eine Grünfläche mit Rosensträuchern, Bäumen und Blick über das Wasser. Selbst an heißen Tagen bringt der Fluss eine angenehme Brise mit sich, und manche Skulptur ist nicht nur etwas fürs Auge, sondern eignet sich auch als Schattenspender.

Wer hier flaniert, für den scheint der Verkehr auf den umliegenden Brücken weit weg zu sein. Auf dem Urfahraner Jahrmarktgelände gegenüber leuchtet farbenfroh das Zelt eines gastierenden Zirkus. Auf der Donau ziehen Fracht- und Passagierschiffe, Ausflugs- und Sportboote vorbei. Möwen lassen sich für eine kurze Rast auf den Wellen nieder. Und über allem erheben sich unter strahlend blauem Himmel die beiden Türme der Pöstlingbergkirche.

Doch es geht auch anders. Selbst Jahre später verrät noch der sandige Wiesengrund in Wassernähe, wie hoch der Pegel der Donau zunächst anno 2002 und dann beim Jahrhunderthochwasser im Juni 2013 anstieg. Damals nahmen sich die Metallskulpturen, ob nun die „Schlange“ von Mathias Goeritz oder die äußerst passend benannte „Strömung“, auf der überfluteten Donaulände wie Inseln aus. Die Neugestaltung des Areals aber bestand ihre Feuer- bzw. vielmehr Wasserprobe. Die hinter dem Damm gelegenen Straßenzüge blieben von den Fluten verschont.

Und die Linzer dürfen weiter ihr grünes Naherholungsgebiet genießen; sei es nach der Arbeit oder in der Mittagspause, beim Joggen, Gassigehen, Radfahren oder beim gemeinsamen Fitnesstraining. Vor allem im Sommer nimmt die Jugend verstärkt ihre „Lände“ in Besitz: mit Getränken, Musik und gerne mit dem hölzernen Geschicklichkeitsspiel Kubb im Gepäck. Wer es ruhiger mag, der sucht sich ein stilles Fleckchen zum Sonnenbaden, Lesen oder einfach nur Tagträumen. Was braucht man mehr zum Glück?

TIPP

Urlaub-am-Strand-Flair bietet an schönen Sommertagen das Lokal Sandburg direkt auf der Lände.

- Untere Donaulände, 4020 Linz
- ÖPNV: Straßenbahn 1, 2, 3, 4, Haltestelle Hauptplatz

Drachensachen

3 Märchenhafte Fahrt mit der Grottenbahn

Sein oft reparierter Daumen hat schon unzähligen Kindern und Junggebliebenen den Weg gewiesen, auch auf Jugendfotos der Großeltern lässt er sich gut erkennen. Die Rede ist vom Schirmzwerg, jenem betagten Urfahraner Herrn, der auf einem Felsvorsprung des Forts Pöstlingberg wacht. Ein zweiter neuerer Schirmzwerg erwartet Glücksuchende an der Endhaltestelle der Bergbahn. Beide gehören zur Grottenbahn im Turm Beatrix des Forts. Über dem Eingangstunnel mit seinem beleuchteten Sternenhimmel bieten ein weiterer Zwerg und ein Froschkönig einen kleinen Vorgeschmack darauf, was drinnen wartet: Märchen – und natürlich Zwerge! Denn „Zwergerl schnäuzen" nennen die Linzer eine Fahrt mit ihrer Grottenbahn.

Jene wurde um das Jahr 1906 herum in etwa zeitgleich mit der elektrischen Bergbahn errichtet. Vier Runden fuhr man damals durch eine künstliche Grotte im Obergeschoss des Turms, die letzte Runde im Dunkeln, wobei eine Leuchtschrift warnte: „Küssen verboten!" Die Bomben des Zweiten Weltkriegs machten dem Vergnügen ein Ende. Bis Friederike Stolz kam. Sie war mit der Grottenbahn seit ihren Mädchentagen vertraut, stammt doch von ihrem Vater Bernhard unter anderem der bis heute dort ausgestellte, mit dem Geweih eines Rehbocks präparierte Koglerauer Urhase. Die Künstlerin und ihr Team füllten die Anlage mit neuem Leben: oben mit keramischen Zwergen, unten mit Märchenfiguren rund um eine Miniatur des Linzer Hauptplatzes.

TIPP

Um den Turm verläuft außen der idyllische Hirschgraben, in dem das Damwild seine Wohnstätte hat.

Und daran hat sich bis heute nicht viel geändert. Gewiss, Drachenzug Lenzibald speit inzwischen Rauch und einige der Figuren sprechen. Aber noch immer laufen Kinder durch die Gassen oder stehen staunend vor ihren Lieblingscharakteren, während Erwachsene von Nostalgie erfüllt lächeln.

Der „Mutter" der neuen Grottenbahn wurde in ihrem Werk übrigens gleich zweifach ein Denkmal gesetzt: Friederike Stolz' Kopf lugt am Hauptplatz aus einem Fenster oberhalb des Cafés Seitz. Und ihr schwarzer Pudel Axel ist ein Teil der Märchenszene „Hans im Glück".

- Grottenbahn, Am Pöstlingberg 16, 4040 Linz
- ÖPNV: Straßenbahn 50 (Pöstlingbergbahn), Haltestelle Pöstlingberg

H(a)i, Fisch!

4 Auf Entdeckungstour im Linzer Schlossmuseum

Zugegeben: Mit der märchenhaften Verspieltheit von Neuschwanstein sowie dem Prunk von Versailles oder auch Schönbrunn kann das Linzer Schloss nicht konkurrieren. Der Herrschersitz ähnelt eher einem „Vierkanter", dem klassischen österreichischen Bauernhof mit vier Gebäudeflügeln, die einen Innenhof begrenzen. Beeindruckend ist jedoch ohne Zweifel seine Lage auf einem Felsen oberhalb der Donau. Und auch innen hat das Linzer Schloss einiges zu bieten. Nämlich ein Museum – doch Vorsicht! Man kann sich sehr, sehr leicht in der Lokalgeschichte und -kultur verirren und dann stundenlang nicht mehr den Weg zurück ans Tageslicht finden.
Besonders die Abteilung für Volkskunde steckt voller faszinierender Eindrücke und Kuriositäten. Sei es ein von den Bauernkriegen inspiriertes Schachspiel. Sei es die Weinberger Schlossapotheke einschließlich heilkräftiger Tierhufe und Hörner. Oder sei es die Wiege von Marchtrenk, in der einst streitlustige Eheleute als Strafmaßnahme dem öffentlichen Spott preisgegeben wurden. Das oberösterreichische Dirndlkleid darf ebenso wenig fehlen wie die Marionette „Linzer Kasperl" aus einer Zeit, in der Kasperltheater noch nicht als harmlose Belustigung für die Kleinsten galt. Jene Figur ging übrigens schon durch berühmte Hände. Denn es war Adalbert Stifter, der sie für das Museum ankaufte. Und im Keller wartet eine Ausstellung über die heimische Natur und Tierwelt – wobei Letztere vom ausgestopften Eisvogel, Biber, Braunbären oder Luchs bis hin zum Mammut-Stoßzahn und der Nachbildung eines gigantischen Megalodon-Hais reicht.
Sehens- und begreifenswert ist auch das Modell des Linzer Stadtgebietes auf der Schlossterrasse. Es zeigt die Stadt vor dem Brand von 1800, welcher vom Schloss ausging und eine Spur der Verwüstung bis in die Altstadt zog. Sein auffälligstes Zeugnis heute? Der moderne gläserne Südflügel, der anstelle des beim Brand zerstörten Gebäudetrakts errichtet wurde und sich deutlich von der übrigen Bausubstanz des Schlosses abhebt.

● Schlossmuseum Linz, Schlossberg 1, 4020 Linz, Tel. +43 (7 32) 77 20 52 30 0
● ÖPNV: Straßenbahn 1, 2, 3, 4, Haltestelle Hauptplatz

LINZ CITY GROUP

Wär ich ein Schmetterling

5 Unterwegs im Hummelhofwald

Nein, dieser Wald gehört nicht etwa den Hummeln! Seinen Namen trägt das Linzer Naherholungsgebiet vielmehr zu Ehren eines einstigen Bauernhofs, des Hummelhofguts. Heute trifft man hier unter hohen Kastanien, alten Blutbuchen und Linden hauptsächlich Jogger, Eltern mit Kinderwagen und viele Spaziergänger mit Hunden. Die Nadelbäume sind zumeist jünger – der Fichtenbestand musste wegen Borkenkäferbefalls vor ein paar Jahren sogar gänzlich weichen. Und auch ein architektonisches Denkmal hat der Park zu bieten: die Hummelhof- oder Franck-Villa aus dem späten 19. Jahrhundert, welche für den Industriellen Carl Franck errichtet wurde.

Vor allem aber gibt es im Wald manch nahrhafte Köstlichkeit zu entdecken: Ein ganzer Teil des Parks nahe dem Ausgang zur Kefergutstraße ist der Erhaltung alter Apfelbaumsorten gewidmet. Und am Rande des Spielplatzes, unweit des Tischtennistisches, wächst ein Maulbeerbaum. Ein einsamer Vertreter einer Gattung, in welche die Linzer Bürgerschaft einst große wirtschaftliche Hoffnungen gesetzt hatte. Denn ein Bestand an gesunden, reich belaubten Maulbeerbäumen sollte, so der Plan, Linz zu einem Zentrum der Seidenraupenzucht machen. Schon anno 1773 wurden daher auf der Linzer Promenade Maulbeerbäume gepflanzt; 70 Jahre später schätzte man den gesamten Bestand in der Stadt auf rund 80.000 Bäume! Der Erfolg einer gewinnträchtigen Seidenraupenkultur stellte sich aber nie ganz ein, und schließlich wurde das Experiment für gescheitert erklärt.

Auch im Hummelhofwald naschen heute keine Schmetterlingsraupen an den Blättern des Baumes. Dafür umso lieber die Kinder seine schwarzen, an Brombeeren erinnernde Früchte! Der Spielplatz ist generell ein Highlight für die jungen Besucher – verfügt er doch unter anderem über eine Seilbahn, auf der sie von einem Ende zum anderen sausen können. Und wer beim Spiel lieber seine grauen Zellen als seine Muskeln trainiert, der spielt im Park eine Runde Gartenschach.

- Hummelhofwald, 4020 Linz
- ÖPNV: Bus 41, 43, Haltestelle Hatschekstraße

Im Eishimmel

6 Kühles beim Eis-Greissler auf der Spittelwiese

Was haben Süßkartoffel-Paprika, Lavendel-Orange, Karamell-Crumble, Ziegenkäse, Sauerampfer und Kürbiskernöl gemeinsam? Auf den ersten Blick wenig – doch bei allen handelt es sich um leckere Eissorten! Man findet sie in der Linzer Innenstadt auf der Spittelwiese unweit des Hundertwasserbrunnens. Eine sehr praktische Nachbarschaft übrigens für alle, die sich ihr Eis mit Kindern teilen und danach dringend eine Gelegenheit zum Hände- und Gesichtabwaschen brauchen. Auch der nur ein paar Schritte entfernte zweieinhalb Tonnen schwere „Drehstein" bietet sich als Zeitvertreib und Ablenkung für mitwartende Kids an. Doch die Schlangen, die sich an heißen Sommertagen vor der kleinen Ladenfront bilden, sind bei Weitem nicht nur eishungrigen Familien geschuldet. Denn egal ob die Freude am Ausprobieren neuer Kreationen oder einfach die Sehnsucht nach einer wirklich guten Kugel Schokoladeneis überwiegt: Die Linzer wissen ihren Eis-Greissler zu schätzen.

TIPP

Gegen einen kleinen Aufpreis kann man mit einer „geteilten Kugel" gleich zwei Sorten probieren!

Begonnen hat die echt österreichische Erfolgsgeschichte in Krumbach in der „Buckligen Welt". Das Bauernpaar Blochberger belieferte Kindergärten und Schulen mit Bio-Milch aus eigener Erzeugung. In der schulfreien Sommerzeit blieb Milch übrig – was also tun? Die Antwort auf diese Frage bestand im Erwerb einer ersten Eismaschine. Heute beglückt der Eis-Greissler an mehreren Standorten seine Kunden mit wechselnden Spezialeissorten. Sowie auch mit „Pferdeäpfeln". Letztere mögen zwar ge wöhnungsbedürftig aussehen und vor allem klingen, doch hinter dem Namen verbergen sich höchst empfehlenswerte Schoko-Nougat-Eisknödel! Auch sonst ist im Sortiment garantiert für jeden etwas dabei. Ob nun frisch-fruchtiges Himbeer- oder Johannisbeereis, gesalzene Pistazie, cremiger Butterkeks oder klassische Haselnuss und Vanille. Für Naschkatzen, die sich unter den vielen Verlockungen gar nicht entscheiden können, gibt es die Halbliter- und 1-Liter-Styroporboxen mit mehreren ausgewählten Sorten zum Mitnehmen. Ein Genuss!

- Eis-Greissler, Spittelwiese 2, 4020 Linz, www.eis-greissler.at
- ÖPNV: Straßenbahn 1, 2, 3, 4, Haltestelle Taubenmarkt

EISBOX
Abfall

Fütterungszeit

7 Hausmannskost in der Eisernen Hand

Linz ist zwar als Stahlstadt bekannt, trotzdem verwundert der Name auf dem Schild: „Gasthaus zur Eisernen Hand" steht da. Das Lokal verfügt über eine lange und herrschaftliche Geschichte. Die altertümliche Bezeichnung stammt nämlich von einem einstigen Freisitz, um dessen Namensgebung sich allerlei sagenhafte Erklärungen ranken. Zum Beispiel die von einem Fräulein, das ein Verlobungsversprechen brach und dann, den Platz ihres erwählten Bräutigams einnehmend, ihrem wutentbrannten Ex in Ritterrüstung entgegentrat. Noch bekannter ist jene von einem (anderen?) Fräulein, das sich zwecks Fütterung ihres tobenden Hundes einen eisernen Handschuh anfertigen ließ. Als plausibler – leider auch langweiliger – muss wohl die historische Deutung betrachtet werden, dass sich der Freisitz an der Linzer Burgfriedgrenze befand und aus diesem Grund daneben ein Holzgerüst mit einem eisernen Handschuh aufragte. Solch ein Handschuh ziert die Fassade des Traditionsgasthofes, welcher sich am Ort des einstigen Adelssitzes befindet – und selbst schon mehr als 120 Jahre auf dem Buckel hat. Allerdings dient die eiserne Hand nicht (mehr) Fütterungszwecken – und auch die Gäste sind (hoffentlich) besser erzogen als jener tobende Hund! Tradition wird aber weiterhin großgeschrieben. Zweierlei schätzen die Linzer hier ganz besonders: das gemütliche Ambiente, denn das Wirtshaus liegt zwar an einer viel befahrenen Straße, verfügt aber über einen gut versteckten, lauschigen Gastgarten, sodass man seine Pause im Schatten alter Bäume verbringen kann. Der zweite große Pluspunkt – die wechselnden und durchaus günstigen Mittagsmenüs – lässt sich ganz hervorragend damit verbinden! Hausmannskost und gutbürgerliche Küche sind Programm. Bei Wiener Schnitzel, Tiroler Gröst'l oder Käsespätzle mit Röstzwiebeln und Salat hätten die Ritter von einst wohl nicht Nein gesagt! Und wem der Sinn nach Scholle oder hausgemachtem Leberschäd'l steht, der mag hier sein Glück finden.

TIPP
In die Räumlichkeiten des Eisenhandkinos zog später das Theater Eisenhand (heute: Tribüne Linz) ein.

- Gasthaus zur Eisernen Hand, Eisenhandstraße 43, 4020 Linz, Tel. +43 (7 32) 77 01 82, www.gasthaus-eisernehand.at
- ÖPNV: Bus 12, 25, 45, 46, 70, 71, 72, 73, Haltestelle Gruberstraße

THAUS ZUR EISERNEN H
FAMILIE SCHIMPL
GANZTÄGIG WARME KÜCHE

In Linz beginnt's

8 Am Donaublick hoch über allem

Die Aussicht im Bus ist berauschend, wenn man sich vom Froschberg kommend die Höhenstraße hinaufschlängelt: vorbei am Turm der Privatschule Aloisianum sowie an alten und neueren Villen. Kurz nach dem Betreten des Parks aber weichen alle diese Eindrücke dem Zwitschern der Vögel im Schatten unter den Bäumen. Unser Weg führt über die Barbarakapelle bis ans Ziel: zum Aussichtpunkt an der steilen, von wilden Bäumen und Sträuchern und allerlei Gestrüpp überwucherten Urfahrwänd. Wer hier steht, befindet sich am Ursprung, dort, wo alles begann. Denn die Linzer Stadtgeschichte nimmt ihren Anfang am Freinberg, jenem Hügel oberhalb der Donau, den heute als unübersehbares Wahrzeichen ein rot-weiß-rot gestreifter Sendemast ziert.

Seit der Jungsteinzeit kann die Besiedlung nachgewiesen werden. Doch es waren die Kelten, die vor rund 2500 Jahren den Namen der Stadt mit sich brachten: „Lentos", soll heißen: „gekrümmt" – bezogen darauf, dass die Donau eben genau hier unterhalb des Aussichtspunktes um eine Biegung fließt. Die Bezeichnung ging durch mehrere Sprachen und blieb in diesen Formen bis heute erhalten: „Lentia", das römische Kastell in dieser Gegend, verleiht seinen Namen einem Einkaufszentrum, während das Kunstmuseum nach der keltischen Siedlung benannt ist.

Sichtbare Spuren ihrer Besiedelung haben die Kelten wenige hinterlassen – hauptsächlich den „Keltenwall" bestehend aus zwei hohen Erdwällen als Überrest der einstigen Befestigungen. Und natürlich den Blick von dieser halbrunden Plattform weit über der Donau! Etwa 100 Jahre lang stand übrigens ganz in der Nähe ein Gasthaus mit dem treffenden Namen Zur schönen Aussicht.

Zur rechten Hand ragt ein mit Efeu umrankter Baum wie ein Gefangener in Fesseln auf. Gegenüber thront die Wallfahrtskirche auf dem Pöstlingberg. Links folgt der Blick der Donau bis nach Puchenau, rechts bis zur Linzer Innenstadt mit ihren Brücken. Auch heute noch ist dieser Ort von wildromantischer Schönheit geprägt.

- Donaublick, Freinberg-Park, 4020 Linz
- ÖPNV: Bus 26, Haltestelle Jägermayr

Obelisk von Linz

9

Am „Weltmittelpunkt“ in Neue Heimat

Irgendwo im Linzer Süden befindet sich die Mitte der bekannten Welt. So zumindest nennen die Linzer das ungewöhnliche Denkmal. Von der Bushaltestelle geht es zunächst die Siemensstraße entlang und anschließend durch erstaunlich grüne Siedlungen. Nicht täuschen lassen: Bei dem Haus mit dem Straßenschild „Schottweg“ ist der Vogelfängerweg noch keinesfalls zu Ende! Er wird nur kurz unterbrochen und verläuft hinter der Kurve weiter. Erst dort, wo er auf den Weißdornweg trifft, ist man zwischen der Einfahrt zu einer Tiefgarage und einigen nummerierten Parkplätzen am Ziel.

Die Sonne brennt auf Wohnblocks und Familienhäuser herab. Auf einer kleinen Grünfläche wächst ein einzelner junger Baum. Die Grillen zirpen. Schmetterlinge flattern über dem grünen Klee. Und mittendrin steht ein Konstrukt, das auf den ersten Blick so manche Rätsel aufgibt: ein wuchtiger Granitquader gekrönt von einem Obelisken. Mag das Denkmal an der Stelle zunächst auch schmuck- und womöglich etwas planlos wirken, so harrt es doch schon seit mehr als 150 Jahren hier aus – und erfüllte vor allem lange Zeit eine wichtige Aufgabe. Wie die Inschrift verrät, handelt es sich nämlich um das westliche Ende einer Grundlinie aus dem Jahr 1871. Sie diente der Landvermessung; dank ihr konnten in einer Zeit lange vor der Erfindung des Satelliten schon exakte Karten erstellt werden.

Wer hier steht, kann sich einerseits daran freuen, dass er die Mitte der Welt entdeckt hat – und dafür nicht nach China (oder gar ins Erdinnere!) reisen musste. Oder sich zurückdenken in jene Epoche ohne Satellitenschüsseln, Tiefgaragen und all das, was man sonst noch rundherum sieht. So gesehen steht der Obelisk auch für die Erkenntnis, dass wir Menschen schon immer einen Weg gefunden haben, die Herausforderungen unserer Zeit zu bewältigen. Zum Glück!

Übrigens: Auch der andere Obelisk, jener am östlichen Ende der Grundlinie, ist noch erhalten! Er befindet sich im Gastgarten des Wasserwald Stüberls in der Gutenbergstraße 2.

- „Weltmittelpunkt“, gegenüber Vogelfängerweg 70, 4020 Linz
- ÖPNV: Bus 41, Haltestelle In der Neupeint

Westlicher
der im Jahre
gemessenen
Grundlinie

Karibik-Feeling

10 Entspannen am Oedter See in Traun

Das leise Plätschern beruhigt und entspannt, sobald man das hölzerne Häuschen betritt. In der Mitte befindet sich ein Brunnen umgeben von Holzbänken. An den Wänden stapeln sich Bündel von Weiß- und Schwarzdornzweigen, von denen das Wasser tropft. Durchs Fenster sieht man den See.

Die solehaltige „Meeresluft" in der Gradieranlage ist nur ein Grund, warum am Oedter See Karibik-Flair herrscht. In den 1960er-Jahren ausgebaggert und zur an Linz grenzenden Kleinstadt Traun gehörig, stellt der „Öd-See" ein beliebtes Naherholungsgebiet der Trauner wie auch der Linzer dar. Im Schatten seiner mächtigen Kastanienbäume lässt es sich an heißen Sommertagen angenehm verweilen. Und das in idyllischer Umgebung! An einigen Uferstellen hängen Weiden tief über das Wasser. Andere sind von Kornblumen, duftender Minze und wildem Rucola überwuchert. Wer sich ans westliche Ende des Sees begibt, kann dort die Blesshühner oder das Haubentaucherpärchen – mit etwas Glück sogar samt Nachwuchs – beobachten. Oder zusehen, wie leuchtend blau schillernde Libellen über das Wasser schwirren.

Für alle, die ihr Badevergnügen gechlort bevorzugen, grenzt an den See das städtische Frei- und Hallenbad an, in dem sich ein Restaurant befindet. Dessen Pizzen finden nicht nur bei den menschlichen Badegästen begeisterten Zuspruch: Lässt man sich mit dem Pizzakarton auf der Wiese nieder, wird man womöglich gleich von frechen Enten besucht, die ihren Teil abkriegen wollen. Ist der mitgebrachte Lesestoff bereits verschlungen, bietet die Bücherzelle kostenlosen Nachschub. Und wenn dann noch das Boot der Wasserrettung Wellen schlägt, während man vom nördlichen Sandstrand ins kühle Nass watet, fühlt man sich endgültig wie am Meer. Oder fast. Denn Quallen gibt es keine. Und durchstößt mal eine Flosse die Wasseroberfläche, handelt es sich nicht um einen Hai, sondern nur um einen der beachtlich großen Karpfen, Hechte und Barsche im See.

TIPP

Ein schattiger Spazierweg führt zwischen Feldern und über eine Brücke direkt zum Schloss Traun.

- Oedter See, Trauner Straße, 4050 Traun
- ÖPNV: Citybus Traun 630, Haltestelle Oedt Badezentrum

Mit Dreifachschutz

11 Die Pestsäule auf dem Linzer Hauptplatz

Einst stand hier der Pranger, jene Säule, an der man Gesetzesbrecher öffentlich „anprangerte". Der Platz für ihre Zurschaustellung war klug und vor allem publikumswirksam gewählt, denn zu den halbjährlichen Messezeiten traf sich im Mittelalter auf dem Linzer Hauptplatz die halbe Welt! Anno 1716 wurde der Pranger dann ein Stück weiter auf den Taubenmarkt verlegt, um Raum für das heutige Linzer Wahrzeichen zu schaffen: die barocke Dreifaltigkeitssäule nach Plänen von Antonio Beduzzi.

Die Pestsäule der Linzer stellt eine Reaktion auf unruhige Zeiten dar. Anfang des 18. Jahrhunderts wütete zum letzten Mal der Schwarze Tod in großen Teilen Europas. Hinzu kamen die Türkenkriege und der Spanische Erbfolgekrieg. Eine weitere Gefahr ging von Großbränden aus – auch Linz konnte davon ein trauriges Lied singen, hatte doch erst 1682 eine Feuersbrunst mehr als 40 Häuser in Mitleidenschaft gezogen. 30 Jahre später kam die Stadt glimpflicher davon. Zum Dank für die Errettung aus Pest, Feuer und Krieg stiftete man daher der Heiligen Dreifaltigkeit eine Säule aus weißem Marmor, deren Bau die sagenhafte Summe von 30.000 Gulden verschlang.

TIPP
Eine ältere, weniger bekannte Pestsäule befindet sich auf dem Auerspergplatz.

Drei Wappensteine erinnern nicht nur an die edlen Spender. Sie zeigen sogar in deren jeweilige Richtung: auf Schloss (Kaiser Karl VI.), Land- (die Stände) und Rathaus (die Bürgerschaft). Über zwei Pestheiligen und dem Landespatron, dem (Feuer-)Heiligen Florian, schweben Engel, die Gottesmutter Maria sowie ganz oben die Heilige Dreifaltigkeit. Während des Zweiten Weltkriegs blieb die Säule zwar stehen, doch Engel und Heilige wurden entfernt und die Wappen zum Schutz vor der Zerstörung eingegipst.

Heute ist die Säule aus Linz längst nicht mehr wegzudenken: sei es als Schattenspender an heißen Tagen, als beliebter Treffpunkt für Schulklassen oder als stimmungsvolle Kulisse für das Ritterturnier im Sommer und den jährlichen Adventmarkt.

- Dreifaltigkeitssäule (Pestsäule), Hauptplatz, 4020 Linz
- ÖPNV: Straßenbahn 1, 2, 3, 4, Haltestelle Hauptplatz

DEO
OPTIMO MAXIMO
SANCTO
LIBERATORI SERVATORI

Überirdisch

12 Wallfahrt auf den Pöstlingberg

Den Aufstieg mag man mit Recht beschwerlich nennen. Selbst jene Pilger, die gemütlich mit der Bergbahn statt zu Fuß anreisen, müssen sich von der Endstation kommend noch über manch steile Stufe mühen. Erst dann stehen sie vor der strahlenden weiß-rosa Fassade der Wallfahrtsbasilika zu den sieben Schmerzen Mariae. Als eines der Linzer Wahrzeichen weithin sichtbar, wirkt sie aus der Nähe betrachtet monumental. Ihre beiden Türme scheinen von hier aus geradewegs in den Himmel zu ragen. Ja, fast mutet es an, als würden sie die Wolken streicheln.

Errichtet wurde die Basilika Mitte des 18. Jahrhunderts, und so verwundert es kaum, dass ihre Gestaltung dem Barock verpflichtet ist. Wer hier das Glück sucht, betritt ein reich mit Fresken, Gold und Stuck verziertes Kirchenschiff. Im Mittelpunkt schwebt, alle Blicke auf sich ziehend, die von zahlreichen Engeln und Wolken in einem goldenen Strahlenkranz umgebene Pietà. Jenes Gnadenbild wurde, so erzählt man sich, bereits im Jahr 1716 von einem frommen Mann auf den Pöstlingberg gebracht. Dieser entwickelte sich daraufhin bald zur rege besuchten Pilgerstätte. Weshalb, um die Pietà zu schützen, zunächst eine schlichte Kapelle und danach diese prunkvolle Basilika errichtet wurde.

Das wahre Geheimnis offenbart sich aber woanders. Wendet man sich nämlich beim rechten Seitenaltar der Kirche, an der Statue des heiligen Leopold, nach rechts, führt ein Durchgang in eine kleine, versteckte Seitenkapelle neben dem Altarraum. In ihr befinden sich Fresken, darunter auch eines, das den Einsturz des Nordturms bei einem verheerenden Kirchenbrand im Jahr 1963 zeigt. Vor allem jedoch legen zahlreiche Gnadenbilder, Andenken, Geschenke, Bitt- und Dankesbriefe aus älterer und neuerer Zeit ein beeindruckendes Zeugnis davon ab, wie sehr der Glaube an Marias schützende Hand stets in den Linzern verwurzelt war und es oft bis heute ist.

- Wallfahrtsbasilika zu den sieben Schmerzen Mariae (Pöstlingbergkirche), Am Pöstlingberg 1, 4040 Linz
- ÖPNV: Straßenbahn 50 (Pöstlingbergbahn), Haltestelle Pöstlingberg

Ferne Galaxien

13 Unter dem Regenbogen in der Solar City

In so mancher Geschichte wartet am Ende eines Regenbogens ein Topf voller Gold. Hier dagegen wartet am Ende einer langen Straßenbahnfahrt ein Regenbogen!
Mehr als 125 Jahre ist es her, dass Linz seine erste mit Strom betriebene Straßenbahn erhielt. Die damalige „Elektrische", heute besser als „Bim" bekannt, durchquert nun mit vier Linien das Stadtgebiet sowie einige der Umlandgemeinden. Superlative inbegriffen: Die Linzer Linie 2, welche die Universität im Norden mit der Solar City im Süden verbindet, ist mit knapp 19 Kilometern die längste Straßenbahnlinie Österreichs.
Spätestens ab der Haltestelle Ebelsberg Kaserne verlassen Glücksuchende gefühlt die Stadt. Man fährt zwischen Feldern ins Grüne – und erreicht schließlich die Solar City, einen um die Jahrtausendwende entstandenen neuen Stadtteil. Um die Wohnungsnot in Linz zu lindern, wurden hier am südlichen Stadtrand nahe den Traunauen zahlreiche Häuser mit inzwischen bereits mehr als 3000 Wohneinheiten errichtet. Kurze Wege, weitgehende Autofreiheit und Niedrigenergiebauweise – das waren die Überlegungen, durch die sich der Stadtteil in die umliegenden naturnahen Gebiete einfügen sollte.
Spektakuläres Zentrum der Solar City ist der Lunaplatz. Hier verlässt man die Straßenbahn und steht unter dem eingangs erwähnten Regenbogen, einer bunten Glasüberdachung. Bei sonnigem Wetter spiegeln sich die Farben in den Scheiben der Geschäfte um den Platz und verleihen dem ganzen Areal einen unwirklichen Schimmer. Und selbst an trüben Tagen wartet hier das Glück des Augenblicks: Wer den Kopf in den Nacken legt und direkt in das Blau-Rot-Gelb schaut, kann für ein paar Herzschläge die Wolken darüber vergessen.
Galaktisch sind in der Solar City übrigens auch die Straßennamen: Wer vom Lunaplatz in die Heliosallee, den Pegasusweg, die Andromeda- oder die Orionstraße einbiegt, mag sich wohl vorkommen wie Käpt'n Kirk auf der Fünfjahresmission des Raumschiffs Enterprise.

- Lunaplatz, Solar City, 4030 Linz
- ÖPNV: Straßenbahn 2, Haltestelle solarCity-Zentrum

Feuer frei!

14 Auf dem Fadingerplatz in Ebelsberg

Wie kommt ein Bauer und Hutmacher zu der Ehre, dass nach ihm ein Marktplatz benannt wird? In unserem Fall handelt es sich um Stephan Fadinger aus der heutigen 2000-Seelen-Gemeinde St. Agatha. Als im Jahr 1626 das protestantische Bauernvolk gegen die katholische Obrigkeit rebellierte, wählten ihn die hiesigen Kämpfer zu ihrem Anführer. Getreu Fadingers Motto „Es muss sein!" zogen sie gegen Linz. Über das Martinsfeld, weshalb das Martinstor des Linzer Schlosses auch den Namen „Trutzbauer" trägt. Und der verrät gleich, was dann geschah: Die Linzer Tore und Mauern erwiesen sich in dem Kräftemessen als die stärkeren. Die monatelange Belagerung der Stadt führte zu Fadingers Ende: Durch eine Linzer Kugel schwer verwundet, rettete er sich zunächst noch hierher nach Ebelsberg, wo er starb. Ohne in Vergessenheit zu geraten! St. Agatha gedenkt seines berühmten Sohns noch heute mit Festspielen und einem Museum. Und selbst die Linzer ließen ihm eine späte Ehre zuteilwerden: Die Fadingerstraße in der Innenstadt und das dortige Gymnasium wurden nach ihm benannt.
Bemerkenswert sind am Fadingerplatz in Ebelsberg erstens die Häuser, etwa das Gasthaus zum Goldenen Hirschen (Nr. 5) – auch als Fadingerhaus bekannt. Zweitens das Schloss, das über ihm thront. Und drittens die Traunbrücke! Sie war bereits im Mittelalter eine wichtige Flussüberquerung auf dem Handelsweg von Ungarn und wurde dem damals noch eigenständigen Markt Ebelsberg am 3. Mai des Jahres 1809 zum Verhängnis, als die Franzosen sie einnahmen und Ebelsberg im Zuge dessen schlimm verwüsteten. Das Kriegerdenkmal, ein Vers am Marktbrunnen und eine Fassadeninschrift am Haus Nr. 14 erinnern an jenen schicksalhaften Tag.
Der heutige Anblick des Platzes aber versöhnt die Besucher mit seiner traurigen Geschichte. Denn den bunt gestrichenen Häusern haftet keine Spur des Erlebten mehr an. Oder fast keine – wer genau hinschaut, dem fällt auf: In der schön verputzten Fassade des Hauses Wiener Straße 481 steckt noch immer eine Kanonenkugel!

- Fadingerplatz, 4030 Linz
- ÖPNV: Straßenbahn 1, 2, Haltestelle Ebelsberg

Amalia und Emilie

15 Stifter-Denkmal und Danmillerhaus

Im Park auf der Promenade, dem nach dem Brand von 1800 zugeschütteten Stadtgraben, erhebt sich ein kleiner Berg. Er ist aus nacktem böhmischem Granit, und auch der bronzene Herr, der auf ihm sitzt, stammt aus dem Böhmerwald: Adalbert Stifter, geboren 1805 in Oberplan, dem heutigen Horní Planá. Sein Großvater war es, der den jungen „Bertl" zwecks weiterführenden Schulbesuchs zu den Benediktinern im Stift Kremsmünster brachte und so den Grundstein für dessen Karriere als einer der bedeutendsten Biedermeier-Schriftsteller legte. Stifters Liebe und Interesse galten dabei stets der Natur. Präzise, detailreiche, mitunter auch etwas langatmige Beschreibungen von Wald und Wiese prägen seine Bücher. Seine letzten 20 Jahre verlebte er mit seiner Frau Amalia in Linz und verfasste hier bekannte Werke wie den „Bergkristall" und den „Nachsommer". Nebenbei wusste er – die Leibesfülle der Bronzestatue verrät es – gute Küche zu schätzen! Sechs Mahlzeiten am Tag waren für ihn Pflicht. Ein klassisches Schnitzel mit Erdäpfelsalat galt ihm als zweites Frühstück.

Der Platz für das Denkmal des Bildhauers Hans Rathausky ist übrigens nicht zufällig gewählt, befindet er sich doch nahe Stifters einstigem Büro als Landesschulinspektor. Zudem blickt der Autor so auf das Haus einer guten Freundin. Nämlich jenes von Emilie von Gerschau, verheiratete von Binzer. In ihrem Salon im heutigen Danmillerhaus (Ecke Klammstraße/Promenade) traf die belesene Linzer Gesellschaft zum Beispiel auf Erzherzog Ferdinand Maximilian, den glücklosen späteren Kaiser von Mexiko. Emilie von Binzer veröffentlichte selbst literarische Werke unter dem männlichen Pseudonym Ernst Ritter. Heute erinnert zwar eine Gedenktafel am Haus an die Errungenschaften ihres Ehemanns, des Musikers August Daniel von Binzer, aber (womit sie wohl das Schicksal vieler Frauen teilt) keine an ihre! Ein kleiner Trost: Immerhin ist der Binzerweg, eine kurze Sackgasse in einer Siedlung im Linzer Stadtteil Keferfeld, nach der Salonlöwin benannt.

- Stifter-Denkmal und Danmillerhaus, Promenade, 4020 Linz
- ÖPNV: Straßenbahn 1, 2, 3, 4, Haltestelle Taubenmarkt

Am Urlaubsanfang

16 Ausflug zum Donaustrand von Alt-Urfahr

An einem warmen Junitag herrscht hier reger Betrieb. Wer sich über den schmalen Pfad hinab ans Ufer wagt, trifft auf unzählige Familien, die es sich unter den Bäumen bequem gemacht haben. Man sitzt auf Picknickdecken oder auf dem Boden. Kinder waten durchs seichte Wasser. Sie sammeln die Donaukiesel, die zunächst so verlockend grün, rot und gelb schimmern – und dann, wenn sie trocknen, den Großteil ihrer Farbenpracht verlieren.

Aber auch Älteren hat der Donaustrand viel zu bieten. Sie können unter den Weiden nach Westen flanieren oder sich gar – Schwimmkünste und Wagemut vorausgesetzt – im seichteren Wasser von der beträchtlichen Strömung ein Stück weit flussabwärts tragen lassen. Oder einfach nur die Hosenbeine hochkrempeln, die nackten Füße kühlen und zusehen, wie gegenüber die Autos im Römerbergtunnel verschwinden. Jedes vorbeiziehende Schiff bringt Wellen mit sich, sehr zur Freude der Kinder. Prächtig erhebt sich das Schloss auf seinem Felsen. Daneben ragen der Turm der Stadtpfarrkirche und der gläserne Transparenzlift auf dem Dach eines Brückenkopfgebäudes aus der Skyline hervor.

Oberhalb des Strandes steigt eine Botin in ihrem auffälligen, knallig bunten Outfit vom Rad und schiebt dieses Richtung Strand. Ihre Liefertasche wirkt prall gefüllt. Wer wohl all die Pizzen bestellt hat? Der Empfänger ist schnell gefunden. Ein kurzer Tausch – Nahrhaftes gegen Geld – und schon nimmt die Botin den Weg zurück auf das oberhalb des Strandes gelegene Steinmetzplatzl. Welches übrigens so heißt, weil hier bis ins 20. Jahrhundert die aus dem Mühlviertel kommenden Steinlieferungen abgeladen wurden.

Apropos Stein: Gute Augen erspähen womöglich am gegenüberliegenden Ufer neben einer Häuserzeile eine Felswand mit einem Marienbild. Dieser Fels ist unter dem Namen „Urlaubstein" bekannt. Er markiert seit dem Mittelalter eine einstige Grenze von Linz. Ob Handwerksgeselle oder Soldat: Wer sie überschritt, musste dafür eine Erlaubnis (also „Urlaub") haben.

● Donaustrand von Alt-Urfahr, Obere Donaustraße, 4040 Linz
● ÖPNV: Straßenbahn 1, 2, 3, 4, Haltestelle Rudolfstraße

Mit 1 PS stromaufwärts

17 Auf dem Treppelweg entlang der Donau

Vor etwa 100 Jahren befand sich ganz in der Nähe ein Flughafen. Zugegeben, es gibt heute noch einen, nämlich den Flugplatz Linz-Ost für Segelflieger ein Stück weiter südlich am Donauufer. Der besagte ältere „Flugplatz" aber fließt und plätschert ungerührt dahin: Es handelt sich um die Donau. In den 1920er-Jahren nahm man hier den Flugverkehr mit Wasserflugzeugen auf. So reisten Fluggäste von der Wiener Reichsbrücke über Linz und Wels zur Sommerfrische an die Salzkammergut-Seen: ein Ereignis nicht nur für die (wenigen) Passagiere, sondern vor allem auch für die zahlreichen Schaulustigen und Neugierigen an den Landestellen! Viel mühsamer gestaltete sich der Verkehr zu jenen Zeiten, als Pferdetreiber mit ihren Rössern auf dem Treppelweg Schiffe stromaufwärts zogen.

Wer heute am Treppelweg entlangspaziert, hat die Wahl: oben auf dem Damm die Aussicht oder doch unten am Ufer die Wassernähe genießen? Ganz allein ist man selten. Jogger begegnen einem. Gassigeher mit Hunden – in Gummistiefeln aufgrund der Pfützen vom letzten Regenguss. Die Stimmung ist eigenartig, der Himmel auf der Linzer Seite noch strahlend blau, während sich über Urfahr pechschwarze Wolken zusammenballen. Ein Kajakfahrer paddelt vorbei. Ein Entenpärchen lässt sich wie die Wasserflugzeuge vergangener Zeiten mit ausgefahrenem „Gestell" in die Wellen sinken. Eine Schwanenfamilie zieht vorbei. Und gleich kommt Sissi: nein, nicht die 16-jährige zukünftige Kaiserin auf ihrem Dampfer, sondern das Ausflugsschiff gleichen Namens.

Der Treppelweg endet am Winterhafen und der Schiffswerft. Seine Spitze ist ein Hotspot für Angler. Kaum umrundet man sie, weichen die Laute der Natur dem Brummen von Motoren. Hier werden die Frachter und die Flusskreuzer gewartet, reihen sich Bootsanhänger an Motorjachten, treffen sich Faltboot-Club und Ruderverein. Und wer nun schon dem Zauber des Wassers erlegen ist, der kann sich gleich in der Schiffsführerschule einschreiben und das Kapitänspatent erwerben.

- Treppelweg, 4020 Linz
- ÖPNV: Bus 27, Haltestelle Gallanderstraße

Frauenpower

18 Herstory entlang des Walk of Fem

Was Hollywood sein Walk of Fame ist, ist Linz der Walk of Fem. Mit zwei kleinen, aber umso wichtigeren orthografischen Abweichungen! Denn auf den gelben Sternen der oberösterreichischen Ruhmesmeile werden ausschließlich die Erfolge von Frauen gefeiert. Vom Brucknerhaus bis zum Kunstmuseum Lentos zieren ihre Namen und Daten in mehreren Abschnitten den Asphalt.

Da wäre zum Beispiel Marianne von Willemer, Goethes Muse und seine – würde man heute sagen – Ghostwriterin. Oder aus neuerer Zeit die bekannte Kinder- und Jugendbuchautorin Käthe Recheis, die sich für amerikanische Ureinwohner einsetzte. Soziales Engagement, in ihrem Fall für Geflüchtete, kennzeichnete auch das Leben der in Linz geborenen Aktivistin Ute Bock. Genau wie sie zog es Hedwig Bleibtreu nach Wien: Die Schauspielerin, welche nicht nur das Publikum des Burgtheaters, sondern ebenso zahllose Kinogänger begeisterte, wurde in Linz (Haus Altstadt 22) geboren. Marlen Haushofer, die Autorin des Romans „Die Wand", verlebte als Teenager im Klosterinternat der Ursulinen eine für ihr schriftstellerisches Werk prägende Zeit. Roxane Cuvay war die erste Professorin an der Kunstschule. Und eine sozialdemokratische Fabrikarbeiterin, Marie Beutlmayr, zog im Jahr 1919 als erste Frau in den oberösterreichischen Landtag ein.

Politikerinnen, Schauspielerinnen, Autorinnen, die expressionistischen Malerinnen Anna Mutter und Vilma Eckl, die jüdische Tänzerin Edith Wilensky sowie Ernestine von Sternegg, die Gründerin des Elisabethinenklosters: Sie alle haben, ob geplant oder ungeplant, ob aus freien Stücken oder aus der Not heraus, gesellschaftliche, geografische und geistige Grenzen überschritten und dabei auf eindrucksvolle Weise gezeigt, welche Kraft in Frauen steckt. Grund genug, ihnen ein Denkmal zu setzen und nicht nur ihre, sondern zugleich auch das Leben und die Erfolge vieler weiterer, ungenannter Frauen sichtbar und bewusst zu machen.

● Walk of Fem, Donaulände, 4020 Linz
● ÖPNV: Straßenbahn 1, 2, 3, 4, Haltestelle Hauptplatz

WALK OF
Maria
PETEANI
1888 • 1960
Marianne
MEINHART
1920 • 1994

Süßes oder Saures?

19 Streifzug über den Südbahnhofmarkt

„Griaß di! Servus! Wo warst du?“, schallt es an einem Samstagvormittag durch die engen Gassen zwischen den Kojen und den mobilen Marktautos oder Verkaufsständen. Die Atmosphäre ist heimelig und vertraut. Man kennt einander: das Marktpersonal mit Schürzen, die Besucher in ungezwungener Alltagskleidung, hin und wieder auch in Lederhosen oder im Dirndl. Sie stehen oder sitzen beisammen, verkosten und staunen. Tauben picken nach Krumen oder sausen im Tiefflug über die Menge hinweg. Die Kinder laufen mit frischen Krapfen in der Hand herum, während ihre Eltern sich an Wein und Feinkost laben. Durch die Luft schallen die fröhlichen Klänge des Regionalsenders Radio Oberösterreich.

Der Name Südbahnhofmarkt mag auf den ersten Blick verwirrend wirken, denn auf dem Linzer „Südi“ gibt es keine Gleise, keinen Bahnsteig, keinen Zug, keine Lautsprecherdurchsage darüber, dass demnächst der ICE durchfährt. Des Rätsels Lösung verrät die Fassadeninschrift eines gelben Gebäudes (Khevenhüllerstraße 4) am östlichen Ende des Areals. Hier nämlich befanden sich im 19. Jahrhundert Stallungen, Schmiede und Wagnerei für die Pferdeeisenbahn, die von Budweis nach Linz und weiter nach Gmunden führte.

TIPP

Am Südi lassen sich neben Nahrhaftem auch Taschen, Jacken, Hauben und vieles mehr erstehen.

Heute werden anstelle erschöpfter Pferde die Marktbesucher mit Speis und Trank versorgt. Man trifft sich im Wochentakt oder öfter, denn zusätzlich zum Angebot der fixen Kojen finden dienstags, freitags und samstags Bauernmärkte statt. Hier steht jemand an einem Verkaufsladen und nascht das gerade gekaufte Weckerl direkt aus dem Stanniol. Dort bietet eine Bäuerin Eier feil. Es duftet nach Gewürzen, Käse, Rauchfleisch („Geselchtem“) und Speck, hausgemachtem Guglhupf, Strudel und Zwetschgen-Topfenkuchen. Vor den Obst- und Gemüsehändlern stehen die Besucher Schlange, aus so manchem Marktkorb lugt ein grünes Büschel. Und eine Dame sieht dem bunten Treiben schon seit mehr als 70 Jahren belustigt zu: die „Gänseliesl“ von Walter Ritter auf ihrem Brunnenpfeiler am Nordende des Platzes.

- Südbahnhofmarkt, Lustenauer Straße, 4020 Linz
- ÖPNV: Bus 12, 25, 45, 46, Haltestelle Gruberstraße

Fenchel
½ Kilo 3,-
Kl. I ITAL.
STANGENSELLER
7.90

Auferstanden

20 Kunst und Kultur auf Schloss Traun

Allen, die ihr Glück in der Betrachtung herrschaftlicher Gebäude finden, sei das Schloss Traun ans Herz gelegt. Erstmals im Jahr 1111 als Sitz derer von Trune erwähnt, befand sich die Wasserburg bis zum 17. Jahrhundert ununterbrochen im Eigentum desselben Adelsgeschlechts und gehört auch heute wieder der Familie. Freilich in neuem Kleide! Denn zunächst wurde das Schloss im Stil der Renaissance bzw. des Barocks großzügig umgestaltet, anschließend im 19. Jahrhundert der Schlossteich zugeschüttet, in dem sich zeitweilig sogar eine Perlzucht befand. Es folgten der Abbruch des Kapellenturms und die Profanierung des Gotteshauses. In den Schlossgebäuden wurden Mietwohnungen für Fabrikarbeiter errichtet. Dazu kamen noch Beschädigungen durch einen abgeschossenen Bomber gegen Ende des Zweiten Weltkriegs – und der einstige stolze Adelssitz musste sich plötzlich Beschimpfungen wie „Schandfleck“ oder „Rattenburg“ gefallen lassen.

TIPP

Den Teich bewacht die Bronzeplastik „Hüterin des Wassers“ der lokalen Bildhauerin Ingeborg Kuba.

Das aber ist Geschichte! Denn nach einer umfassenden Restaurierung erstrahlt die Wasserburg in neuem (altem) Glanz. Sie beherbergt heute sowohl Gastronomie als auch ein Museum und ist Teil des Kulturzentrums Kultur.Park.Traun. Die Schlosskapelle steht für Trauungen zur Verfügung und ist daher bei Hochzeitspaaren beliebt. Die Säle dienen als stimmungsvolles Ambiente für Kunstausstellungen, Konzerte, literarische Lesungen oder Bälle. Glücksuchende sind eingeladen, über den Schlosshof zu flanieren – sei es im Advent bei Plätzchenduft mit einem Becher Punsch in der Hand oder doch lieber zu Ostern zwischen Frühlingsdeko und bunten Eiern.

Oder man gönnt sich an einem Sommertag im Café des Kulturzentrums Spinnerei ein Getränk: unter Schatten spendenden Sonnenschirmen direkt am Ufer des von Seerosen überwucherten Schlossteichs. Oder schlendert einfach nur zwischen spielenden Kindern durch den Park, rastet auf einer der zahlreichen Bänke und bewundert die Spiegelung der Schlossmauern im Teich. Ein fürstliches Vergnügen!

- Schloss Traun, Schlossstraße 8, 4050 Traun, Tel. +43 (72 29) 62 03 2 www.kulturschloss.at
- ÖPNV: Straßenbahn 4, Haltestelle Schloss Traun

Edle Marlene?

21

Maroni im Bauernbergpark

20, nein, eher 30 Jahre muss es her sein, dass die Autorin dieser Zeilen mit einer Freundin Maroni klauben war. Im Bauernbergpark, in dem schon damals mehrere Bäume voll der edlen Kasta-nien wuchsen. Nur wo genau?

Der Rundgang beginnt am oberen Ende des Areals nahe der Straße Auf der Gugl. Eine Gruppe von Spaziergängern wird befragt, wo denn hier die Maroni wachsen würden. Ratloses Kopfschütteln ist zuerst die Antwort. „Sie meinen sicher Kastanien, oder? Zum Spielen." Nein, Maroni. Zum Im-Rohr-Braten und Sich-beim-Schale-ablösen-die-Finger-Verbrennen und Sich-den-mehligen-Geschmack-auf-der-Zunge-zergehen-Lassen. Dann plötzlich die Erleuchtung: „Da hinten haben sie einen Maronibaum gepflanzt. Gleich neben der Laterne. Der heißt Marlene. Und bei der Stiege wächst auch einer. Da liegen noch ein paar Maroni am Boden. Kleine."

Vorbei an der uns nun vorgestellten Marlene – die sich leider als Ahorn erweist. Vorbei am Aphroditentempel. Die namensgebende Aphrodite darin fehlt allerdings: Sie wurde in ein Museum gebracht. Im Kies am Fuße der Treppe geben stachelige grüne Bälle den Spaziergängern oben recht, was den Fundort für Maroni angeht.

Und auch ansonsten hat die Anlage einiges zu bieten! Rote und violette Herbstblüher zum Beispiel. Schmetterlingssträucher und Rosen. Der alte Baumbestand säumt ein großzügiges grünes, mit Kieswegen durchsetztes Becken. Die meisten Kronen sind um diese Zeit noch grün, ein paar leuchten schon im herbstlich gelben oder braunen Kleid. Sogar eine Linzer Regenbogenbank blitzt aus der Wiese auf. Am unteren Ende begrüßt die Besucher nicht nur eine Gedenktafel für Ludwig Hatschek, den Förderer des Parks und einstigen Besitzer der angrenzenden Villa, sondern auch ein ganz besonderer Beschützer der Grünanlage: Der steinerne Berggeist auf einem Felsen wacht darüber, dass die Natur selbst mitten in der Stadt stets ihren Platz behauptet.

TIPP

Ein Maronibaum wächst auch am oberen Ende des Parks direkt neben dem Spielplatz.

- Bauernbergpark, Auf der Gugl, 4020 Linz
- ÖPNV: Bus 27, Haltestelle Botanischer Garten

Zwitschern und Wiehern

22 Die Pferdebahnpromenade in St. Magdalena

Einst hieß es: sehr früh aufstehen! Um fünf Uhr morgens war in Linz Abfahrt. Erst 14 Stunden später erreichte die Bahn ihr Ziel – die böhmische Stadt Budweis. Dazwischen wurde auf halbem Weg, in Kerschbaum, zu Mittag gespeist. Die gesamte Strecke, die moderne Expresszüge in einem Siebtel der Zeit bewältigen, betrieb man mit vierbeinigen Lokomotiven. Es handelte sich nämlich um eine der ersten Pferdeeisenbahnen Europas. Ursprünglich für den Transport von Salz aus dem Salzkammergut und von böhmischer Kohle errichtet, verfügte sie bald auch über Personenwagen. Die Linzer – zumindest jene, die sich die Beförderungstarife leisten konnten – nutzten die Pferdeeisenbahn gerne für Ausflüge. Im Jahr 1835 wurde die Strecke dann sogar erweitert und führte anschließend von Linz über die Eisenbahnbrücke (eine Vorgängerin der Nibelungenbrücke) und den Südbahnhof weiter bis nach Gmunden.

Von alldem sind heute nur mehr wenige Reste übrig. Unter ihnen die Pferdebahnpromenade in St. Magdalena! Sie beginnt bei der weithin sichtbar auf einem Hügel gelegenen Kirche mit ihrem markanten gelben Turm sowie einer angeblich 1000-jährigen Linde. Ein historischer Ort für Freunde der Schienenrösser, wurde die Bahn doch im Jahr 1832 genau hier mit einer Fahrt des Kaiserpaars eröffnet. Auf dem Rücksitz des Wagens saß der junge Bauleiter Matthias Ritter von Schönerer.

Das ein oder andere Denkmal und ein letzter Schienenstrang geleiten Glücksuchende in den Wald. Der schattige Spazierweg ist ein Geheimtipp – ganz besonders an heißen Tagen! Er führt über manches noch erhaltene Viadukt. Und die Vögel zwitschern nicht nur in den Bäumen, sondern auch auf dem Vogellehrpfad entlang des Weges.

Wer etwas mehr Zeit zur Verfügung hat, sollte einen Abstecher ins Mühlviertel nach Kerschbaum einplanen. Dort lebt die Erinnerung an die Pferdeeisenbahn weiter: mit einem Museum (Öffnungszeiten beachten!) sowie dem letzten noch in Betrieb befindlichen Pferdebahn-Wagen!

- Pferdebahnpromenade St. Magdalena, 4040 Linz
- ÖPNV: Straßenbahn 1, 2, Haltestelle St. Magdalena

Die Pferde-Eisenbahn Linz-Budweis
erbaut 1825-1832
durch den Ingenieur Franz A. Gerstner
als erster Schienenweg
des öffentlichen Verkehrs
am Festlande
führte hier bis zur

Auf der Autobahn

23 Unterwegs im Bellevuepark und im Wasserwald

Dichte Wolken ballen sich am südlichen Himmel zusammen. Das ferne Donnern aber kommt nicht etwa von oben. Es dröhnt vielmehr unter den Füßen. Denn dieser Park ist eine recht neue Ergänzung der Linzer Grünflächen – und er befindet sich mitten auf der Mühlkreisautobahn. Wie kann das sein? Ganz einfach: Die Parkanlage verläuft über das Dach des etwa 1 Kilometer langen Bindermichl-Tunnels und ist, sieht man von ihren beiden Enden und einem mächtigen Kreisverkehr in der Mitte ab, von einem gewöhnlichen Park kaum zu unterscheiden. Spielplätze und Fitnessgeräte für Jung und Alt findet man hier ebenso wie Bänke zum Verweilen.

Im Jahr 2009, als sich Linz mit dem Titel der europäischen Kulturhauptstadt schmücken durfte, stand am Ende des Parks nahe der Sportanlage Lissfeld ein gelbes Holzhaus, das „Bellevue". Der namensgebende „schöne Blick" umfasste so wie heute die auffälligen leuchtend blauen Autobahnschilder, die stete Bewegung des mehrspurigen Verkehrs und dahinter den Wasserwald, einen beliebten Aufenthaltsort von Spaziergängern und – vor allem – Hundebesitzern. Im Dunkel mag es da schon vorkommen, dass man ein rotes Glühen aus dem Gebüsch auf sich zustürmen sieht und sich der vermeintliche Höllenhund dann in letzter Sekunde doch als gewöhnlicher Vierbeiner mit modischem Leuchthalsband entpuppt!

Tagsüber lässt es sich entspannter schlendern. Nur nicht bei diesem unberechenbaren Herbstwetter. Schon öffnet nämlich der Himmel seine Schleusen und die ersten dicken Tropfen fallen. Mancher Hundebesitzer wirft einem bereits von unter seinem Regenschirm mitleidige Blicke zu. Also flugs die Ausrüstung zusammengepackt und unter das Vordach der Sportanlage geflüchtet, um dort den Wolkenbruch zu überdauern. Bis man anschließend durch den Bellevuepark den Heimweg antritt, blitzt schon wieder das Blau des Himmels hervor und die Sonne schimmert auf dem nassen Asphalt des Gehwegs.

- Landschaftspark Bindermichl-Spallerhof (Bellevuepark) und Wasserwald, 4020 Linz
- ÖPNV: Bus 41, 43, Haltestelle Hatschekstraße

Bei Michael zu Gast

24 Rundgang über den Leondinger Stadtplatz

Der allererste Eindruck entspricht dem eines gemütlichen Ortsplatzes. Auch wenn die Bezeichnung „Ort" bei den Einwohnern ganz und gar nicht auf Sympathie stoßen würde – handelt es sich doch bei der unmittelbar an Linz angrenzenden Gemeinde Leonding eindeutig und unbestritten um eine Stadt. Mit einem Herz, das sich – Verzeihung! – seinen dörflichen Ortscharakter bewahrt hat. Hier findet man die unvermeidliche Bankfiliale, Töpfe und Beete mit blühenden Pflanzen und eine gepflasterte Freifläche fürs Stadtfest, den Weihnachtsmarkt, das winterliche Eislaufen und die sommerlichen Freitagskonzerte. Diese ist (ein besonderer Luxus) sogar überdacht! Dazu gegenüber noch Wasserfontänen und hinter diesen das „44er" oder einfach „blaue" Haus: einst Schule, später Stadtbücherei und jedem Einheimischen ein Begriff. Über allem tönen die Glockenschläge der barocken Stadtpfarrkirche.

TIPP

Der kleine Brunnen ist aufgrund seines hervorstechendsten Attributs als „Busenbrunnen" bekannt.

Viele der Läden um den Platz sind alteingesessene Institutionen: etwa die Foto Drogerie Michel neben dem Rathaus oder, auf der anderen Seite der Michaelsbergstraße, der Familienbetrieb Fleischermeister Derntl. Andere sind im Laufe der Jahrzehnte verschwunden: Das einstige Papierwarengeschäft an der Ecke neben der Ampel beherbergt nun eine Bäckerei, der ehemalige Pelzmodenhandel einen Kebap- und Pizza-Imbiss.

Immer wieder begegnet man dem Stadtwappen mit dem roten Löwen. Und auch der heilige Erzengel Michael mit seinem flammenden Schwert, der Kirchenpatron, darf nicht fehlen! Seine Statue am Rande des Platzes ist etwa 300 Jahre alt. Wer durchs Tor dahinter tritt, landet beim Kriegerdenkmal am Eingang zum Friedhof unter einer Linde, bei der es sich sogar um ein Naturdenkmal handelt. Auch hier trifft Alt auf Neu: Mächtig ragt der gelbe Zwiebelturm der alten Pfarrkirche auf. Direkt an sie schließt die neue Kirche an, ein Oktogon aus unverputzten Ziegeln. Wieder einmal wird sichtbar: Leonding überdauert und verändert sich zugleich.

- Stadtplatz Leonding, 4060 Leonding
- ÖPNV: Bus 191, Haltestelle Stadtplatz Leonding

Schiff ahoi

25 Nibelungenschiff und -brücke

Es war einmal eine Prinzessin. Kriemhild ihr Name, die Schwester König Gunthers. Wie die Sage erzählt, heiratete sie den Drachentöter Siegfried. Nach seinem Tod gab sie dem Werben des Hunnenkönigs Attila nach. Ihre Brautreise führte sie von Worms über Passau und entlang der Donau auf einer Strecke, die bis heute „Nibelungenstraße" heißt. In Linz erinnert daran das Nibelungenschiff von Peter Dimmel auf einer Säule nur wenige Schritte vom Rudolfstor des Schlosses entfernt. Die Insassen: Gunther und der Spielmann Volker von Alzey.

Von dieser Stelle bietet sich außerdem ein guter Blick über die Nibelungenbrücke. Jene wurde um das Jahr 1940 herum erbaut. Überlebensgroße Reiterstandbilder der Könige Siegfried und Gunther sowie der Königinnen Brunhild und Kriemhild sollten sie schmücken, ergänzt durch Volker und Hagen von Tronje, doch dazu kam es nie.

Auch die belastete Vergangenheit fügt sich in die Gesamthistorie der Brücke ein, war jene doch im Lauf ihrer Geschichte nicht immer eine, die verband, sondern ebenso oft eine, die trennte: Schon Ende des 15. Jahrhunderts brachte der Bau der ersten (Holz-)Brücke durch die Handelsstadt Linz die Urfahraner Fährleute um ihre Einnahmen. Ihr einziger Trost bestand darin, dass im Winter oft Eisschollen das Konstrukt beschädigten und somit unpassierbar machten. Jene Schollen kamen übrigens – genau wie Kriemhild – von Passau und wurden „boarische (bayerische) Krapfen" genannt.

Nach dem Zweiten Weltkrieg verlief die Nibelungenbrücke dann zwischen der russischen und der amerikanischen Besatzungszone. Bis heute führt sie nicht bloß von hier nach da, sondern auch zu allerlei Disputen, sei es über zu schmale Radfahrstreifen oder über den Verkehr stauende Demos. Dennoch ist die älteste Linzer Donaubrücke wie vor rund 600 Jahren noch immer eines – nämlich unverzichtbar.

TIPP

Ein Donauweiblein aus der Sage befindet sich in Urfahr an der Hausfassade Linke Brückenstraße 34.

- Nibelungenbrücke und Nibelungenschiff, Schlossberg 1, vor dem Rudolfstor, 4020 Linz
- ÖPNV: Straßenbahn 1, 2, 3, 4, Haltestelle Hauptplatz

Den Franzosen sei Dank

26 Auf der Aussichtsterrasse der Euphemia

Die Sonne brennt auf die halbrunde Plattform herab, ebenso auf den unterhalb liegenden Rosengarten und die Fotogalerie. Nur das Café nebenan bietet dank seiner Markise und der Sonnenschirme auf seiner Aussichtsterrasse Schatten. Zu hören gibt es wenig. Hin und wieder ein Auto, das rumpelnde Surren der Pöstlingbergbahn und jede Viertelstunde ein oder mehrere Glockenschläge der Wallfahrtskirche, deren Türme über dem Rondeau thronen. Wer auf die Benutzung eines der Fernrohre wartet, kann sich die Zeit mit einem Gedicht von Edward Samhaber oder einer kurzen Geschichte der Bergbahn auf der Infotafel daneben vertreiben.

Vor allem aber lockt und begeistert der Blick über ganz Linz bis zu den schneebedeckten Gipfeln der Alpen. Majestätisch breitet sich das Band der Donau vor den Augen des Betrachters aus; dazu der bewaldete Hügel des Freinbergs mit seinem Sendemast, der Turm des Fernheizkraftwerkes, die rauchenden Schlote des Industriegeländes und davor die neugotische Silhouette des Mariendoms. Ebenso zahlreiche Häuser und kleinere Türme. Besonders schön erkennbar ist auch das Gymnasium Petrinum am Fuße des Bergs mit seiner eigenen Sternwarte.

Pikantes Detail: Diese Aussicht verdanken die Linzer den französischen Besatzern des Jahres 1809. Waren sie es doch, die auf dem damals noch bewaldeten Berg die Bäume fällten, um mit dem Holz Befestigungsanlagen zu errichten. Als willkommener Nebeneffekt wurde der Pöstlingberg dadurch später zu einem beliebten Ausflugs- und Ausguckziel der Bevölkerung.

Apropos Befestigungsanlagen: Der Linzer Hausberg beherbergte einst ein Fort als Teil der Maximilianischen Turmlinie, was die halbrunde Form der Aussichtsplattform erklärt: Das Rondeau liegt nämlich auf Turm Nummer V des Forts, genannt Euphemia. Aufmerksame Besucher mögen daher beim Verlassen der Plattform die beiden Türen entdecken. Hinter ihnen führen Treppen ins Turminnere. Die Gedanken kreisen: Was sich in diesem wohl verbirgt?

- Aussichtsplattform Pöstlingberg-Rondeau, Am Pöstlingberg 11, 4040 Linz
- ÖPNV: Straßenbahn 50 (Pöstlingbergbahn), Haltestelle Pöstlingberg

Johann Adams verflixte 27

27

Auf Spurensuche im Prunerstift

Gedämpftes Klavierspiel klingt durch den Sommernachmittag. Die Geschichte des ehrwürdigen Hauses, in dem sich heute die städtische Musikschule befindet, geht bis auf das Jahr 1734 zurück. Damals nämlich starb der Linzer Ratsbürger, Kaufmann und langjährige Bürgermeister Johann Adam Pruner. In seinem Testament verfügte er eine großzügige Stiftung zum Bau eines Versorgungsheimes samt angeschlossener Kirche. Je 27 Waisenjungen, arme Männer und arme Frauen – die sogenannten Pupillen und Pfründner – sollten in der Stiftung ein neues Zuhause finden.

Warum es ausgerechnet 27 sein mussten? Darum ranken sich Sagen. Etwa jene von der wundersamen Rettung eines Pruner gehörenden Handelsschiffes aus Seenot. Der Kaufmann, heißt es, hätte die glückliche Nachricht am 27. eines Monats erhalten.

Worin auch immer die Ursprünge des Vermächtnisses gelegen sein mögen: Nach Pruners Tod erwarb die Stiftung mit seinem Geld die Ruine des damaligen Freihauses Eggereck und erbaute auf dem Gelände das heutige Prunerstift. Wer nun vor dem Hauptportal steht, sieht: Auf dem Wappen sind sowohl der Name des Stifters als auch das Jahr der offiziellen Baubewilligung (1737) angeführt.

Glücksuchenden sei zudem ein Blick in die Kirche empfohlen, welche seit mehr als 100 Jahren von der altkatholischen Gemeinde genutzt wird und durch die Musikschule betreten werden kann. Die Widmung der drei Altäre verfügte Pruner selbst in seinem Testament. Seinem Wunsch entsprechend zeigen die Gemälde über den Seitenaltären die Heiligen Jakobus und Laurentius, das Bild über dem Hauptaltar dagegen die Weisen aus dem Morgenland. Bemerkenswert ist auch das Fresko an der Decke. Einer der Engel schüttet ein goldenes Füllhorn über den Armen aus, ein anderer präsentiert uns den Bauplan des Prunerstifts. Ein schönes Beispiel dafür, wie man sich selbst ein Denkmal setzen kann, das gleichzeitig der Nachwelt zugutekommt – heute ebenso aktuell wie eh und je.

TIPP

Johann Adam Pruner und einen „seiner" Waisen findet man auch am „Linzer Fenster" des Mariendoms.

- Prunerstift, Fabrikstraße 10, 4020 Linz
- ÖPNV: Bus 26, Haltestelle Brucknerhaus

Heilsamer Spaziergang

28 Auftanken im Zentralpark Urfahr

Der Autolärm verklingt und auch der Abgasgestank verfliegt, sobald man durch das weiße Tor in den Urnenhain tritt. Der „Park der Erinnerung" erweist sich als großzügige Grünanlage. Urnennischen, Steinsäulen und Gräber sind in eine Waldlandschaft eingebettet. Daran schließt ein weiterer Park an, der sich über eine Brücke betreten lässt. Unten plätschert der Diesenleitenbach. Auf der anderen Seite wartet ein Areal mit altem Kastanienbaumbestand. Der Linzer „Central Park", besser bekannt als Heilhamer Park, wird von Radfahrern, Joggern und Hundebesitzern gern genutzt. Aber auch von jenen, die nach Feierabend Fußball spielen, auf einer Bank ein gutes Buch lesen oder mit dem oder der Liebsten Hand in Hand schlendern wollen.

Wer sich nach rechts wendet, folgt dem Verlauf eines Wäldchens. Die Laubbäume sind noch grün, die Nadelbäume mit Zapfen behangen. Weit oben erklingt ein Knacksen. Ein Zweig fällt zu Boden. Das Werk eines Eichhörnchens? Beim Spielplatz wendet man sich erneut nach rechts und erreicht eine gemähte Wiese. Nur ein paar Krähen bevölkern sie in diesen Septembertagen.

Von hier hat man einen wunderbaren Blick bis nach St. Magdalena. Unverkennbar erhebt sich der gelbe Kirchturm inmitten der Siedlungshäuser. Rundherum scharen sich die bewaldeten Hügel des Mühlviertels mit vereinzelten Bauernhöfen auf ihren oberen Hängen. Zur linken Hand erstrecken sich die Häuserzeilen entlang der Leonfeldner Straße, darüber thront der Pöstlingberg als graue Silhouette im Gegenlicht der Abendsonne. An die Wiese schließen Hecken und ein Golfplatz an. Die Einheimischen wissen genau, wo hier essbare „Dirndln" (Kornelkirschen) und Hagebutten wachsen!

Wer gut zu Fuß ist, kann den Park durchqueren und gelangt durch Siedlungsgebiet nach St. Magdalena. Kürzer und einfacher geht es über den westlichen Ausgang an der Leonfeldner Straße zur Haltestelle Harbach (Straßenbahn 1 und 2) – eine komfortable Art, um nach dem Spaziergang voller Glücksgefühle gestärkt den Heimweg anzutreten.

● Zentralpark Urfahr (Heilhamer Park), 4040 Linz
● ÖPNV: Bus 33, Haltestelle Urnenhainweg; Straßenbahn 1, 2, Haltestelle Harbach

Bücher bis zum Himmel

29 Das Republikdenkmal vor dem Neuen Rathaus

Aller Anfang ist schwer. Dieses Sprichwort trifft auf viele Lebensbereiche und Situationen zu. Etwa wenn – um ein zufälliges Beispiel zu nennen – eine Autorin über dem Anfang für ein Kapitel brütet. Aber nicht nur Menschen, auch Staaten können die Wahrheit der vier Worte bestätigen. Das Republikdenkmal von Ingrid Czerny und Werner Hollunder vor dem Neuen Rathaus legt davon ein beeindruckendes Zeugnis ab.

In eine Steinstele aus gestapelten „Büchern“ wurde im Jahr 1995 die damals 50-jährige Geschichte der Bundesrepublik Österreich gemeißelt. Ganz unten und halb mit Gras überwuchert ist das Gründungsdatum verzeichnet, der 27. April 1945. Die es umgebenden Schlagworte verschaffen dem Betrachter einen Einblick in die damaligen Herausforderungen: Die Bundesregierung bedurfte der Anerkennung durch die Besatzungsmächte, der Schilling wurde neues Zahlungsmittel, erste Heimkehrerzüge aus der einstigen Sowjetunion trafen ein und ein Katastrophenwinter brachte die gerade erst aufblühende Wirtschaft erneut zum Stillstand.

Doch es ging vorwärts! Schritt für Schritt. Die heutige Bundeshymne wurde eingeführt, die Tageszeitung „Neues Österreich“ gegründet. Vom Nobelpreis für Physik ist die Rede, der erste Hochofen in Donawitz wurde angeblasen und 100 Millionen Dollar flossen an Hilfsgeldern. Während der Blick nach oben schweift, entfaltet sich die Vergangenheit in Meilensteinen. Sei es die erfolgreiche Himalaya-Expedition, das beschlossene Antikorruptionsgesetz oder das Einsetzen eines künstlichen Kniegelenks. Sei es der Ski-Triumph bei der Olympiade, der „Haarschnitterlass“ oder die Fernsehpremiere des „Herrn Karl“.

Ganz oben: die Volksabstimmung über den EU-Beitritt, deren Ja ein neues Kapitel in der österreichischen Geschichte aufschlug. Dieser und die anderen „Buchtitel“ laden dazu ein, innezuhalten, an die Anfänge unserer Wohlstandsgesellschaft zurückzudenken und sich klarzumachen, wie weit wir trotz aller großen und kleinen Rückschritte in den letzten 50 Jahren gekommen sind.

- Republikdenkmal, Obere Donaustraße, 4040 Linz
- ÖPNV: Straßenbahn 1, 2, 3, 4, Haltestelle Rudolfstraße

EXPERTENBERICHT ZU BOHRUNG
"STAHLSTIFTUNG" BEI DER
"WATCHLIST"
VORSITZ BEI "EUREKA"
5 WOCHEN MINDESTURLAUB
ENDE DER ALLEINREGIERUNG
"FRIEDENSMARSCH"
HILFE FÜR POLEN
"DONAUINSEL" ERÖFFNET
ÜBERGABE DER "UNO
LUXUSSTEUER EINGEFÜHRT
SOFORTHILFE FÜR FRIAUL
ENGAGEMENT FÜR NAHOSTFRIEDEN
KONSULARVERTRAG MIT DER DDR
NOBELPREIS FÜR WIRTSCHAFTS-
WISSENSCHAFTEN
SCHISKANDAL BEI OLYMPIADE
"HAARSCHNITTERLASS"
VOLLJÄHRIGKEIT MIT 19 JAHREN
RENNEN AM "ÖSTERREICHRING"
PAKETLÖSUNG FÜR SÜDTIROL
REICH GEWÄHRT ASYLRECHT
HAUPTQUARTIER IN WIEN
ERÖFFNET
GRÜNDUNG DER ÖIG
ERSTE ALLEINREGIERUNG
NEUES WAHRZEICHEN
HALBIT BESCHLOSSEN
HOCHWASSERKATASTROPHE
GRÖSSTES HOCHDRUCKPUMP-
SPEICHERWERK DER WELT
KOMMISSION FÜR
LOHN UND PREISFRAGEN
TRIUMPH BEI OLYMPIADE
BEITRITT ZUM EUROPARAT
HIMALAJAEXPEDITION ERFOLGREICH
LEBENSMITTELKARTEN ABGESCHAFFT
AKH WIEN ERHÄLT MODERNSTES
ELEKTRONENMIKROSKOP DER WELT
1. DIREKTE WAHL DES BUNDESPRÄ-
SIDENTEN DURCH DAS VOLK
JUGENDSCHUTZGESETZ BESCHLOSSEN
ENNSKRAFTWERK UND SALZA-
SPEICHERKRAFTWERK ERÖFFNET
MINDERBELASTETE
NATIONALSOZIALISTEN
WIRTSCHAFTSSTILLSTAND DURCH

Wo Bruckner tafelte

30 Wanderung durch den Kürnberger Wald

Wer sich von Rufling kommend die Enzenwinkler Straße oder die Forsthausstraße hinaufkämpft, erreicht an der Kreuzung beider einen Parkplatz. Endstation – jedenfalls für Autos. Für Wanderer dagegen beginnt das Abenteuer erst!

Wir befinden uns an einem Eingang zum Kürnberger Wald, dem Naherholungsgebiet der Leondinger und auch der Linzer. Sein Name kommt vom althochdeutschen Wort für „Mühle“. Das Areal blickt auf eine lange Besiedlungsgeschichte zurück. Grabungen legten hier Funde von jungsteinzeitlichen Werkzeugen über Wälle aus der Bronze- und Eisenzeit bis hin zu Gräberfeldern frei. Unbestätigten Gerüchten zufolge soll auch der Minnesänger Der von Kürenberg, der mittelalterliche Autor des „Falkenlieds“, aus der Gegend stammen.

Am Eingang zum Wald befindet sich das ehemalige Forsthaus Jäger im Kürnberg, welches schon zu Kaiser Maximilians Zeiten die Schankgerechtigkeit besaß und daher über Jahrhunderte als Ausflugsgaststätte sehr beliebt war. So tischte man am 10. Juli 1863 für keinen Geringeren als Anton Bruckner auf: Der Komponist feierte seinen Studienabschluss. Ein schöner Blick auf das gelbe Haus mit seinem schwarzen Schindeldach bietet sich vom nahe gelegenen Waldspielplatz. Besagter Spielplatz mit seinen Reifen-, Nest- und sonstigen Schaukeln, mit Wackelbrücke, Rutsche, einem Picknickhäuschen und einem Klettergerüst in Form eines riesigen Spinnennetzes ist ohnehin ein Highlight für jüngere und jung gebliebene Glücksuchende!

Auf Wanderwegen gelangt man unter anderem zur Burg Kürnberg, deren Name allerdings leicht in die Irre führt: Die mittelalterliche Burg wurde gegen Ende des 15. Jahrhunderts niedergebrannt und ihre Reste dienten unter Kaiser Maximilian als Material für den Bau eines Jagdschlosses. Von der Anlage ist daher nichts mehr zu sehen. Dennoch lohnt sich auch heute noch ein Streifzug durch das ehemalige kaiserliche Jagdrevier, das im Eigentum des Stifts Wilhering steht und in dem man wie einst Reh und Hirsch zwischen den Bäumen streifen kann. Natur pur!

- Kürnberger Wald, Rufling, 4060 Leonding
- ÖPNV: Bus 192, Haltestelle Alharting

Wasser des Lebens

31 Heiliges Bründl auf dem Pöstlingberg

Wer den Abstieg vom Pöstlingberg über die steile Mayrwiesen wagt, wird mit einem prächtigen Blick über Linz belohnt. Aber nicht zu sehr in die Ferne schweifen! Schon nach etwa 100 Metern heißt es einen Weg einschlagen, der links in den Wald führt. Schmetterlinge begleiten die Wanderer auf den ersten paar Metern. Bald weicht das Sonnenlicht dem Schatten. Der Boden ist uneben und steinig, der Pfad schmal. Rasch über eine Ameisenstraße gestiegen – und man steht vor einem Spalt zwischen Felsen. Unebene Stufen führen hinauf zu einem Schrein mit Marienstatuen, Bildern und Kerzen. Er ist von Spinnweben überwuchert. Doch selbst in dieser Julihitze flackern unter den Bildnissen ein halbes Dutzend Kerzen, und ein schwacher Wachsgeruch erfüllt die Luft. Auf der anderen Seite des Pfads gluckert eine Quelle. Ein Nagel ist in einen hohlen, abgesägten Baumstumpf getrieben. Daran hängt eine Porzellantasse für durstige Pilger bereit.

Heiliges Bründl heißt dieser gänzlich unerwartete, mystisch anmutende Fleck im Wald. Und es handelt sich dabei um die angeblich älteste Kultstätte auf dem Berg – entstanden lange vor der Anbetung des Bildes der Gottesmutter in der Wallfahrtskirche weiter oben. Zugegeben, erwiesen ist das nicht. Ebenso wenig die Behauptung, das Wasser aus dem Bründl würde gegen Augenleiden helfen. Doch wer hier steht, fühlt: Das Bründl ist kein Platz für wissenschaftliche Überlegungen, für Zahlen, Daten und Fakten, sondern einer für das Staunen, das Wundern, das Rätseln, das Auf-sich-wirken-Lassen.

Wie manches auf dem Pöstlingberg, seien es die nostalgischen Triebwagen der Bahn oder die Zwergenwelt-Idylle von damals, scheint auch das Bründl aus der Zeit gefallen zu sein. Es braucht daher nicht mehr, als eine kurze Pause einzulegen. Dem Wasser, dem Wind, den Vögeln des Waldes und den – zugegebenermaßen lästigen – Gelsen zu lauschen. Vielleicht, sofern einem danach ist, ein Gebet zu sprechen. Dankbar zu sein. Und schon vermag man den Zauber dieses Ortes zu spüren.

● Heiliges Bründl, An der Mayrwiesen, 4040 Linz
● ÖPNV: Straßenbahn 50 (Pöstlingbergbahn), Haltestelle Pöstlingberg

Zum Himmel hinstrebend

32 Auf dem Linzer Pfarrplatz

Eine schlichte schwarze Tafel mit der weißen Zahl Vier markiert den Torbogen. Daneben befindet sich auf einer Steinplatte das Reliefporträt einer jungen Frau: Marianne von Willemer, die Namensgeberin eines Linzer Kulturpreises. Zunächst als blutjunge Schauspielerin und Tänzerin sowie später als Goethes Muse war sie auch zu Lebzeiten keine Unbekannte. Literarische Unsterblichkeit erlangte sie jedoch erst nach ihrem Tod – als nämlich enthüllt wurde, dass einige Gedichte in Goethes „Westöstlichem Diwan“ von ihr stammten. Unweit der Mauer mit ihrer Gedenktafel befindet sich das Café Meier, eine Linzer Institution, in dessen Gastgarten man manch heißen Sommertag überdauern kann. Unumstrittener Mittelpunkt des Platzes ist jedoch die Stadtpfarrkirche. In ihrem Inneren warten zwei besondere Kuriositäten. Die erste ist das Altarbild des Floriani-Altars, welches einen guten Eindruck von der Größe (oder vielmehr Kleinheit!) der Stadt in den letzten Jahren des 17. Jahrhunderts vermittelt. Die zweite ein Wandgrabstein aus rotem Marmor im Altarraum. Als Kaiser Friedrich III. in Linz starb, wurde sein Leichnam nach Wien überführt. Nicht jedoch sein Herz und seine Eingeweide! Sie sind in der Stadtpfarrkirche beerdigt. Übrigens: An der Kirchenorgel saß einst Anton Bruckner. Er diente zugleich als Chormeister der Liedertafel Frohsinn, deren Vereinslokal sich gegenüber befindet.

Und nicht nur der Turm und die Musik in der Kirche strebten stets nach Höherem! Über einem Dach am Pfarrplatz thront die Siegesgöttin Nike des Künstlerkollektivs Haus-Rucker-Co. Sie gab ihr Linz-Debüt bereits im Jahr 1977 und traf dabei nicht den Geschmack aller: „Fetzenvogel“ war nur einer der Schmäh-Namen, die sich das eine halbe Tonne schwere Aluminium-Kunstwerk gefallen lassen musste. Nach längerer Abwesenheit bekam sie hier im Jahr 2016 eine neue Wohnstätte zugewiesen. Vor allem bei wolkigem Himmel scheint sie sich nun gleich den Tauben, die den Platz bevölkern, in die Lüfte zu erheben.

● Pfarrplatz, 4020 Linz
● ÖPNV: Straßenbahn 1, 2, 3, 4, Haltestelle Hauptplatz

Gelehrte Enten

33 Pause am Uni-Teich auf dem JKU-Campus

Der Altersdurchschnitt in der Straßenbahn sinkt beständig. Kurz vor der Endhaltestelle hat er sich bei etwa Anfang 20 eingependelt. Kein Wunder! Von dort ist es nur ein Katzensprung zum Campus der Johannes-Kepler-Universität, den Linzern besser bekannt als JKU. Gegründet wurde die nach dem Astronomen benannte Hochschule erst im Jahr 1966. Ihr Gelände, zu dem auch das frühbarocke Schloss Auhof gehört, liegt idyllisch unterhalb von Hügeln und Bauernhöfen. In seiner Mitte erhebt sich die auffällige schwarze Kepler Hall mit ihren hohen Fensterwänden. In ihr wird übrigens nicht nur der Geist trainiert, sondern auch der Körper: Das Untergeschoss beherbergt ein Fitnessstudio. Hinter dem Gebäude versteckt – der Teich. An seinem Ufer können die Studenten mit Blick auf die Bibliothek ihre Pausenbrote oder das mitgebrachte Take-away-Menü verzehren. Oder sich als Alternative zur Mensa im schwimmenden Restaurant Teichwerk verköstigen lassen. Zwei Ballnetze verraten, dass der Teich durchaus auch sportlichen Zwecken dient. Für Strandfeeling sorgen dagegen die Kies- und Sandabschnitte und die bequemen Sitzgelegenheiten. Das Schnattern der Enten vermischt sich mit dem Gemurmel derjenigen, die noch rasch den Lernstoff für die nächste Klausur wiederholen. Den Wasservögeln gebührt auch der Luxus ihrer privaten Insel, auf der Menschen nicht stören dürfen.

Wer den Teich umrundet, stößt auf so manche Kuriosität: etwa das Denkmal in Form eines altmodischen steinernen Telefons mit Wählscheibe, jedoch ohne Hörer unweit des Restaurants. Gegenüber befindet sich an einer Ecke Helmuth Gsöllpointners Metallskulptur „Spirit of Linz“, eine Leihgabe der Stadt. Wer sie betrachtet, mag in ihr durchaus den Geist der noch jungen Universität wiedererkennen: das Streben nach Höherem, die Aufbruchsstimmung und nicht zuletzt eine gewisse Leichtigkeit, die in allen Kulturen der Welt der Jugend vorbehalten bleibt.

- Uni-Teich am Campus der Johannes-Kepler-Universität (JKU), Altenberger Straße 69, 4040 Linz
- ÖPNV: Straßenbahn 1, 2, Haltestelle Universität

Gut gebrüllt!

34 Bei den Löwen am Bahnhofsvorplatz

Vielreisende kennen die Situation bestimmt: Man kommt nicht immer haargenau dort und dann an, wo und wann man es geplant hatte. Sei es, dass der erste Zug Verspätung hat, man dadurch die Anschlussverbindung verpasst und zumindest für eine Weile irgendwo strandet. Sei es, dass ein Bahnstreik oder eine Baustelle mit Schienenersatzverkehr einen auf halbem Weg zum Ziel aus dem gemütlichen Abteil wirft. Oder sei es, dass man als tonnenschwere Statue im Jahr 1941 für eine Salzburger Brücke in Auftrag gegeben und nach dem Ende des Zweiten Weltkriegs an die Stadt Linz verkauft wurde.
Letzteres ist den beiden Raubtieren passiert, welche nun geduldig den Eingang des Linzer Hauptbahnhofs bewachen. Und das fast ununterbrochen seit dem Jahr 1949! Die Löwenstatuen wurden vom Bildhauer Jakob Adlhart geschaffen. Auf dem Schild des einen prangt das Linzer Stadtwappen, auf dem des anderen jenes des Landes Oberösterreich. Ursprünglich sollten sie mit zwei Brüdern zu viert die Salzburger Todtbrücke (heute: Staatsbrücke) schmücken, doch dazu kam es nie. Stattdessen landeten die einzigen fertiggestellten Exemplare ihres Rudels eben in Linz und wurden rasch heimisch: Generationen von Kindern wuchsen mit der Phrase „Wir treffen uns bei den Löwen“ auf, wenn es zum Beispiel um Schulausflüge oder Sportwochen ging.
Freilich können die je viereinhalb Tonnen schweren Marmorskulpturen ihre umstrittene Herkunft aus der Zeit des Zweiten Weltkriegs nicht leugnen. Im Jahr 1999 wurden sie durch einen Münchner Künstler vorübergehend mit Tarnnetzen verhüllt, und es entspann sich eine öffentliche Diskussion, ob man sie beim Abriss und Neubau des Bahnhofs nicht gleich für immer entfernen sollte. Zur Freude vieler Linzer, die „ihre“ Löwen in den letzten 50 Jahren lieb gewonnen haben, durften sie jedoch bleiben. 2004 nahmen sie daher ihre Plätze auf den Sockeln vor dem neuen Bahnhof wieder ein – und wurden standesgemäß empfangen: mit einem Festakt und Musik aus dem Musical „König der Löwen“.

- Löwenstatuen, Bahnhofsvorplatz, 4020 Linz
- ÖPNV: Straßenbahn 1, 2, 3, 4, Haltestelle Hauptbahnhof

Urbanskis Vision

35

Mit der Pöstlingbergbahn hoch hinaus

„Abfahrt!“ hieß es erstmals am Pfingstsonntag des Jahres 1898 für die damals steilste elektrische Adhäsionsbahn der Welt. Beim Bergbahnhof in Urfahr begann die Reise. Sie führte am Schloss Hagen vorbei und endete auf der Spitze des Pöstlingbergs, wobei auf knapp 3 Kilometern etwa 250 Höhenmeter überwunden wurden. Den Fahrgästen blieb bei stürmischem Wetter nichts anderes übrig, als ihre Hüte festzuhalten, denn durch die offenen Wagen pfiff der Wind. Der visionäre „Vater“ der neuen Bahnlinie, der Ingenieur Josef Urbanski, weilte am Einweihungstag übrigens schon nicht mehr in Linz. Er war von seinen Partnern im Streit geschieden und erhielt für seine beträchtlichen Planungs- und sonstigen Vorarbeiten lediglich 100 Gulden. Gewiss kein Vermögen beim Tarif von einem halben Gulden für die Berg- und Talfahrt!

TIPP
Die einstige Talstation in Urfahr beherbergt nun das Pöstling bergbahn-Museum.

Heute reisen Glücksuchende komfortabler in geschlossenen Wagen der Straßenbahnlinie 50, und das nun sogar vom Linzer Hauptplatz aus. Ab der Haltestelle Landgutstraße geht es auf einer romantischen einspurigen Trasse aufwärts. Vorbei an Häusern und steilen Gärten, durch Wäldchen. Bei der Ausweichstelle Bruckneruniversität (dem Standort des früheren Schlosses Hagen) heißt es kurz warten: Hier treffen die von oben und die von unten kommenden Bahnen aufeinander. Dann weiter zwischen Feldern auf das unübersehbare Ziel zu, die Pöstlingbergkirche mit ihren beiden weißen Türmen.
Schon nach der Station Schableder wird es wieder enger. Für einen flüchtigen Moment erhascht man in der Kurve nahe dem Hohen Damm einen Blick auf die weit unten fließende Donau. Doch keine Sorge, die beste Aussicht wartet oben! Weiter geht die Fahrt durch den Hohlweg. Vorbei am Pöstlingberg Schlössl, das als „Bergbahn-Hotel“ zugleich mit der Trasse errichtet wurde, bis man schließlich die Bergstation erreicht. Jene befindet sich – der auffällige Bogen lässt es erahnen – in einem alten Turm der Maximilianischen Befestigungsanlage. Rund 20 Minuten hat das Erlebnis gedauert. Danke, Herr Urbanski!

● Straßenbahn 50 (Pöstlingbergbahn), Start am Hauptplatz, 4020 Linz

Belesene Ruhestätte

36 Spaziergang über den St. Barbara Friedhof

Kaum tritt man durchs Tor, klingt das Verkehrsrauschen ferner. Auf den höher gelegenen Bahngleisen der anderen Seite rattert ein Güterzug vorbei. Alte Bäume spenden Schatten. Am Kreuzbrunnen mit seiner vergoldeten Christusstatue dienen drei Wasserhähne zum Befüllen der dunkelgrünen Metallkannen.

Die zahlreichen Familiengräber erzählen Geschichten: von Adeligen, Fabrikanten, Offizieren, Politikern, Hausbesitzergattinnen, Schuldirektoren und Doktoren. Besonders sehenswert: das prachtvolle Mosaik bei der Gruft der Familie Tscherne in unmittelbarer Nähe der Auferstehungskapelle.

Und die diskret an den Ecken einiger Gräber angebrachten QR-Codes, die auf die Friedhofswebsite verweisen, verraten es: Manch großer Name hat an diesem Ort die letzte Ruhe gefunden. Adalbert Stifter zum Beispiel, dessen Grab gleich gegenüber der Aufbahrungshalle liegt. Am Fuße eines Obelisken befinden sich Stifters Name und seine Lebensdaten. Darunter der Grabstein für seine Frau mit der Erwähnung von Stifters zahlreichen Ehrungen. Ein kleines Kuriosum: Von seinen Verdiensten als Schriftsteller und Maler steht da kein Wort!

Ein Stück weiter erhebt sich unter einer schlanken Birke und dem benachbarten Ahorn eine weiße Säule mit einem gekreuzigten Christus. Dieses Grab beherbergt die Schriftstellerin Enrica von Handel-Mazzetti sowie auch ihre treue Haushälterin.

Der Wind rauscht in den Bäumen. Das Wasser plätschert im Jubiläumsbrunnen mit seiner auffälligen geometrischen Gestaltung. Die Heimatdichterin Susi Wallner und ihr Mann liegen hier begraben. Und Maria von Peteani, eine begabte Nichte von Johann Strauß. Ebenso Mitglieder der Buchhändlerfamilien Pirngruber, Quirein und Fink sowie der Lyriker Edward Samhaber.

Doch wie die Kohlmeise verrät, die von einem Ast zum anderen saust: Die mit 12 Hektar größte Grünfläche der Linzer Innenstadt ist vor allem auch für die Lebenden da. Zahlreiche Tiere nutzen sie als geschütztes Zuhause, zahlreiche Menschen als ruhigen Ort des Friedens.

- St. Barbara Friedhof, Friedhofstraße 1, 4020 Linz, www.barbarafriedhof.at
- ÖPNV: Bus 27, 41, 43, Haltestelle Friedhofstraße

ADALBERT
STIFTER
GEB. 23. OKTB. 1805.
GEST. 28. JÆN. 1868

Ohne Rudolf ging's auch

37 Unterwegs in Alt-Urfahr

Ein Spaziergang durch Alt-Urfahr führt schnell vor Augen: Der heutige Linzer Stadtteil verbindet das Altertümliche mit dem Neuen. Hier ragt noch ein Fabrikschlot auf, dort prangt bereits ein modernes Penthouse mit spiegelnder Glasfassade. Verwinkelte Gässchen tragen dörflich anmutende Straßennamen wie „Im Tal" und legen damit Zeugnis von einer Vergangenheit ab, die freilich nicht immer idyllisch war.

Um ein Haar wäre es sogar so weit gekommen, dass man heute durch Rudolfstadt flanieren könnte: benannt nach dem Kronprinzen Rudolf. Denn bereits im Mittelalter gab es oft Auseinandersetzungen zwischen den Bewohnern des Dorfes Urfahr – hauptsächlich Fischern, Webern und den Fährleuten, von denen die „Überfuhr" ihren Namen erhielt – und der Stadt Linz. Einmal ging es um Fischereirechte, dann wieder um Schankbetrieb und Handel. Der Bau der Donaubrücke bescherte den Fährleuten große Einkommenseinbußen. Alles in allem waren die Urfahraner selten gut auf ihre südlichen Nachbarn zu sprechen und kämpften stets um ihre Eigenständigkeit – sowie um die Erhebung zur Stadt, um den Linzern ebenbürtig zu sein. Unter anderem gab es daher Pläne, Urfahr in „Rudolfstadt" umzutaufen und sich auf diese Weise das Wohlwollen der Höchsten zu sichern. Im Jahr 1882 wurde Urfahr dann tatsächlich zur Stadt erhoben, doch die neue Gleichrangigkeit erwies sich als kurzes Vergnügen: Bereits 1919 folgte die Eingemeindung nach Linz.

Noch heute verweist Alt-Urfahr stolz auf seine Vergangenheit: etwa mit dem Namen der Webergasse sowie der dortigen Schule. Das Jugendstilgebäude von Julius Schulte lohnt überhaupt einen zweiten Blick. Unter anderem verfügt es über geschlechtergetrennte Eingänge! Folgt man der Ottensheimer Straße zurück in Richtung Nibelungenbrücke, kommt man zu einem weiteren historischen Gebäude, dem Schiffmeisterhaus (Ottensheimer Straße 32). An der Fassade finden sich noch das Zeichen der Schiffer sowie die Initialen des Hauseigentümers: Zeugnisse einer allgegenwärtigen Geschichte.

- Alt-Urfahr, 4040 Linz
- ÖPNV: Straßenbahn 3, 4, Haltestelle Landgutstraße

Bunt wie ein Zebra

38 Stehen und Gehen auf der Mozartkreuzung

Sie stehen. Und sie gehen. Stehen wieder. Gehen wieder. Wenn man einmal darüber nachsinnt, ist der Alltag so eines Ampelmännchens von Monotonie und Eintönigkeit geprägt. Trotzdem aber schaffen sie es hin und wieder, Glücksuchenden mit ihrer bloßen Anwesenheit ein Lächeln ins Gesicht zu zaubern. Bekannt dafür sind heute etwa die Berliner Ost-Ampelmännchen mit Hut. Aber auch Linz hat ein paar besondere Exemplare dieser Gattung zu bieten: Wer die belebte Mozartkreuzung in der Innenstadt überquert, begegnet dort nämlich keinen Ampelmännchen in Isolationshaft, sondern Ampelpärchen, welche bei Rot Seite an Seite geduldig auf das Umspringen der Farben warten und dann bei Grün miteinander über die Straße laufen – Händchen haltend, versteht sich. Die gleich- und verschiedengeschlechtlichen Pärchen wurden erstmals im Jahr 2015 anlässlich des Christopher Street Days angebracht, vorübergehend ins Exil geschickt und durften letztendlich doch bleiben.

Als Symbole für eine buntere, tolerantere Welt teilen sie sich ihre Kreuzung seit Kurzem mit den wesentlich auffälligeren regenbogenfarbigen Zebrastreifen. Wobei „Zebrastreifen" für diese Schutzwege wohl nicht mehr ganz die richtige Bezeichnung ist – vielleicht besser „Paradiesvogelstreifen"? Egal. Wie unter anderem auch der Walk of Fem und die Gebäudegrundrisse in der Hahnengasse beweisen, lohnt es sich während einer Stadtbesichtigung in Linz durchaus, den Blick zum Boden schweifen zu lassen.

Und wem von all dem Stehen und Gehen, Gehen und Stehen die Füße schmerzen, für den hält Linz außerdem regenbogenfarbige Bänke bereit. Die findet man inzwischen schon an vielen, oft unvermuteten Orten. Etwa vor dem Brucknerhaus an der Donaulände, auf dem Vorplatz des Hauptbahnhofs, im Volksgarten, im Bauernbergpark, im Botanischen Garten … Überall bieten sie bereitwillig ihre Dienste an und agieren nebenbei als fröhlicher bunter Lichtblick an manch trübem Tag.

TIPP

Weitere Regenbogen-Zebrastreifen in Linz findet man unter anderem nahe der Herz-Jesu-Kirche.

- Kreuzung Landstraße/Mozartstraße (Mozartkreuzung), 4020 Linz
- ÖPNV: Straßenbahn 1, 2, 3, 4, Haltestelle Mozartkreuzung

Von der Hand in den Mund

39 Der Hundertwasserbrunnen auf der Spittelwiese

Es sprudelt in Linz! Gemeint ist nicht das Geld aus den städtischen Kassen, sondern das Wasser aus den Brunnen. Von Anfang Mai bis in den Herbst hinein gluckert, gurgelt und plätschert das kühle Nass an mehr als 100 oft unerwarteten Orten. So auch auf der Spittelwiese, einer ruhigen Seitenstraße der belebten Linzer Landstraße.

Spricht man von Künstlern und ihren Werken, fällt es manchmal schwer, das eine vom anderen zu trennen. Besonders verkörperte diese Vermischung jener Wiener Maler, Architekt und passionierte Naturschützer, der als Friedrich Stowasser geboren wurde und seinen Namen später in das klangvolle „Friedensreich Hundertwasser" änderte. Zu seinen bekanntesten Kreationen zählen etwa die Gestaltungen des Wiener Hundertwasserhauses, der Pfarrkirche zur Heiligen Barbara im steirischen Bärnbach und der Müllverbrennungsanlage auf der Wiener Spittelau – letztere mit einer prominent platzierten gemusterten Kappe, wie sie der Künstler selbst gerne trug. Denn Hundertwassers Auftreten war ebenso bunt und einprägsam wie der Anblick seiner Kunstwerke.

Was nun den Linzer Brunnen angeht, ist der Namensteil „Hundert" hier ebenso wie der Namensteil „Wasser" Programm: „Hundert" deshalb, weil der Brunnen anlässlich des 100. Jubiläums der städtischen Wasserversorgung entstand. Seine Form ist die einer geöffneten Hand. Jedem der fünf Finger entspringt ein Rinnsal und wird (quasi über die Rillen der Fingerabdrücke) in die Spirale der Handfläche geleitet. Eine ikonische Kappe trägt der Brunnen zwar nicht; dafür aber ziert seinen Sockel eine auffällige karierte Manschette in den dominanten Farben Blau und Schwarz, die sich auch in manchem Porträt des Künstlers wiederentdecken lassen.

Heute versorgt der vom Bildhauer Hans Muhr nach Hundertwassers Plänen gefertigte Trinkwasserspender Glücksuchende und Schaufensterbummler mit dem leckeren und lebensnotwendigen Nass – und wird nebenbei auch von wagemutigen Kindern gern als rutschiges Klettergerüst genutzt.

● SpiralflussTrinkbrunnen I Linz (Hundertwasserbrunnen), Spittelwiese, 4020 Linz
● ÖPNV: Straßenbahn 1, 2, 3, 4, Haltestelle Taubenmarkt

Unüberbrückbare Natur

40 Ausflug zu den Weikerlseen

Wendet man sich von der Solar City kommend nach Norden, erwartet einen hinter den Häusern zunächst ein idyllisches Wiesengebiet mit Spiel- und Sportmöglichkeiten. Besonderes Highlight (im wahrsten Sinne des Wortes) für alle Jüngeren und Junggebliebenen: die auf einem kleinen Hügel gelegene mächtige Mehrpersonenschaukel!

Wem der Sinn dagegen eher nach Tiefe steht, der findet sie im nahen Badesee, dem sogenannten kleinen Weikerlsee. Dieser hat seine Ursprünge (wie so vieles in Linz) in der Zeit des Zweiten Weltkriegs. Als man nämlich in den späten 1930er-Jahren mit der Errichtung der damaligen Hermann-Göring-Werke am anderen Traunufer begann, lag das Gelände dafür zu niedrig und musste mit Schotter befestigt werden. Die Baggerarbeiten hinterließen auf unserer Seite der Traun zwei stattliche Gruben – den großen und den kleinen Weikerlsee.

Um ein Haar hätte es freilich geheißen: wie gewonnen, so zerronnen. Und dafür existiert heute sogar noch ein sichtbarer Beweis. Gar nicht allzu weit entfernt, hinter dem Auwäldchen, ragen zu beiden Seiten der Traun Brückenpfeiler aus dem Wasser. Ohne Brücke darauf! Die Erklärung? Zu Beginn der 1980er-Jahre plante der Stahlgigant voestalpine, der Nachfolger der Hermann-Göring-Werke, in den Weikerlseen künftig Schlacke abzulagern. Nach empörten Protesten wurde dieser Plan fallen gelassen. Die bereits errichteten Brückenpfeiler dienen daher ungenutzt seit mehr als 40 Jahren als Mahnmal.

TIPP

Für alle Hungrigen: Im nahen Strandbad gibt's im Sommer bei schönem Wetter Steckerlfisch.

Heute ist der Auwald ein anerkanntes Naturschutzgebiet und beherbergt als stadtnahes Biotop zahlreiche Tier- und Pflanzenarten. Und der kleine Weikerlsee darf mit seiner oft recht erfrischenden Wassertemperatur auch weiterhin den Linzern im Sommer Abkühlung spenden. Ihn überquert übrigens ebenfalls eine Brücke. Der Spaziergang über sie sei wärmstens empfohlen! Unter dem Dach in der Mitte lassen sich beide Seeseiten überblicken und die Enten beim Dahingleiten betrachten. Idylle pur!

- Weikerlseen, Weikerlseestraße, 4030 Linz
- ÖPNV: Straßenbahn 2, Haltestelle solarCity-Zentrum

Herz-Kaiser

41

Auf den Spuren von Friedrich III. in Linz

Leben wie ein Kaiser konnte man in den Jahren 1489 bis 1493 in Linz. Oder zumindest tat das einer: Der Habsburger Herrscher Friedrich III. hatte sich die Stadt als seinen Alterssitz erwählt. Eine auf den ersten Blick ungewöhnliche Entscheidung, denn Linz war zwar aufgrund der verkehrsgünstigen Lage schon im Mittelalter ein wichtiger Messeort, verfügte aber weder über die Größe noch über eine vergleichbare Zahl an Vergnügungen wie zum Beispiel Wien. Politische Gefahren spielten sicher eine Rolle – Matthias Corvinus' Einfluss reichte nie bis hierher –, doch selbst nach Corvinus' Tod und der Rückeroberung Wiens blieb der alternde Kaiser in Linz. Hier fand er sein Glück, wie es heißt, in der Musik, der Goldschmiedekunst und der Astrologie.

Schon um das Jahr 1481 herum hatte er die damals baufällige Burganlage neu befestigen lassen. Nebst mehreren Warten, im Volksmund „Mäusefallen" genannt, stammt aus seiner Zeit das bis heute erhaltene Friedrichstor. Umrankt von Efeu auf der einen und umspielt vom Laub eines mächtigen, weit verzweigten Baums auf der anderen Seite blickt von ihm gut erkennbar Friedrichs Wappen auf die Besucher herab. Einschließlich des mysteriösen Monogramms AEIOU, welches Geschichtsforschern bis heute Rätsel aufgibt!

TIPP

Das Tor darf bestiegen werden und bietet von oben einen schönen Blick über die Schlosswiese!

Den Linzern verhalf die Anwesenheit ihres Herrschers übrigens zu manchem Privileg. Anno 1490 erlaubte Friedrich „seiner" Stadt die Wahl des Bürgermeisters, und sein Sohn, Kaiser Maximilian I., gestattete den Linzern wenige Jahre später den Bau ihrer ersten Donaubrücke. Im August 1493 starb Friedrich nach einer Beinamputation. Sein Leichnam wurde nach Wien überführt, Herz und Eingeweide blieben in Linz. Ihr Grabstein in der Stadtpfarrkirche sowie eben das Friedrichstor am Schlossgelände erinnern an einen friedliebenden Herrscher, der zwar mitunter verspottet wurde, am Ende aber doch als unbestrittener Sieger über seine politischen Gegner hervorging. Denn er überlebte sie alle.

● Friedrichstor, Schlosspark, 4020 Linz
● ÖPNV: Straßenbahn 1, 2, 3, 4, Haltestelle Hauptplatz

Herunter kommen sie alle

42 Kind sein auf dem Spielplatz Pollheimerstraße

Es gibt Kindheitsverlockungen, für die ist man auch mit 30, 40, 50 oder gar 60 Jahren nicht zu alt. Schokoladentorte mit Schlagobers zum Beispiel. Eine Schaumrolle oder die Bratwürstel auf dem „Urfix“, wie die Linzer ihren zweimal jährlich stattfindenden Urfahraner Jahrmarkt liebevoll nennen. Zu diesen kleinen Freuden gehört auch das Glück, auf einer Schaukel hoch in den Himmel zu fliegen und für ein paar kurze Momente die Sorgen und Beschwerden des Erwachsenseins zu vergessen. Natürlich erntet man ab dem Überschreiten einer gewissen Altersgrenze dabei manch verwunderten Blick oder bestenfalls ein mildes Lächeln. Und natürlich empfiehlt es sich, die Spielplätze zu weniger gut besuchten Zeiten zu betreten – oder zumindest ein „Alibi-Kind“ dabeizuhaben. Dann aber steht dem Glück der kurzen Schwerelosigkeit nichts mehr im Wege, sei es auf der Schaukel oder einer steilen Rutsche.

Mit mehr als 200.000 Einwohnern verfügt Linz naturgemäß über zahlreiche öffentliche Spielplätze. Ein Geheimtipp darunter ist jener in der Pollheimerstraße. Einerseits besticht er mit zwei besonderen Schaukeln. Sie werden von einem Gerüst in Form bemalter Giraffen gehalten, und ihre Ketten sind lang genug für ein ordentliches Höhenflugerlebnis. Das zweite Highlight ist ein Kletterparcours, an dessen Ende die Elefantenrutsche wartet. Als bequemerer Weg für alle, die eine beengte Kraxelei vermeiden möchten, führt auch eine Leiter hinauf zum Kopf des Holz- und Metall-Dickhäuters. Von dort zwischen den Segelohren durch – und schon saust man über den Rüssel nach unten.

Wer auf Nummer sicher gehen will, kann danach rasch ein paar Schritte zwischen sich und das Spielgerät bringen und laut in die Richtung eines oben wartenden Kindes rufen: „Siehst du? War gar nicht so wild. Jetzt bist du dran!“ Sich dann klammheimlich davonstehlen und sich dabei diebisch an dem Glücksgefühl erfreuen, auf einen Schlag 50, 40 oder wenigstens 30 Jahre jünger geworden zu sein.

- Kinder- und Jugendspielplatz Fischerwiese/Pollheimerstraße, Grundbachweg 47, 4020 Linz
- ÖPNV: Bus 12, 107, Haltestelle Keferfeld

Nackte Tatsachen

43 Baden am Pleschinger See in Steyregg

Wie viele Donaubrücken für den allgemeinen Verkehr gibt es in Linz? Diese Frage lässt sich nicht so einfach beantworten. Die Nibelungenbrücke natürlich. Dazu die Eisenbahn-, die VÖESt-Brücke, die neue Brücke unter dem Freinberg und … Moment mal. Zählt die knapp außerhalb der Landeshauptstadt gelegene Steyregger Brücke auch dazu? Ebenso schwierig gestaltet sich die Frage nach der Anzahl der Linzer Seen. Auch hier würden die meisten Einheimischen wohl den Pleschinger See in die Liste aufnehmen, obwohl dieser – erraten – auf dem Gebiet der benachbarten Stadtgemeinde Steyregg liegt. Wie die Weikerlseen und der Pichlinger See im Süden (welcher allerdings eine mehr als doppelt so große Fläche aufweist) oder auch der Oedter See in Traun wurde der Pleschinger See durch Schotterbaggerungen geschaffen. Er ist heute ein beliebtes Naherholungsgebiet der Steyregger und der Linzer.

Gründe für den regen Zuspruch gibt es viele. Einerseits zum Beispiel den Steckerlfisch. Mitunter wurde sogar gemunkelt, es handle sich dabei um den besten von Linz – eine Aussage, die allein schon rein geografisch als falsch gewertet werden muss. Andererseits trägt die komfortable Erreichbarkeit zur Beliebtheit des Gewässers bei: Eine Linzer Buslinie endet direkt am Seeufer. Noch mehr empfiehlt sich für einigermaßen Sportliche die Radroute an der Urfahraner Seite der Donau, auf der man sich den anschließenden Sprung ins Nass redlich (oder rädlich?) verdienen kann. Auch die ausgedehnte Liegewiese begeistert viele Besucher und wird oft für Picknicks genutzt. Die Wassertemperatur ist meist wärmer als bei den anderen Seen – und ganz bestimmt wärmer als jene der Donau!

Noch dazu verfügt der Pleschinger See über eine Besonderheit: Bei einem Rundgang fällt rasch auf, dass ein Teil des Geländes blicksicher abgetrennt ist. Hier befindet sich der FKK-Strand, an dem Glücksuchende, den Enten gleich, ganz ohne textile Bedeckung und nur im angeborenen Gefieder die sommerliche Entspannung genießen können.

- Pleschinger See, 4040 Steyregg
- ÖPNV: Bus 33, Haltestelle Pleschinger See

Der Kunst zu Ehren

44 Besuch des Francisco Carolinum Linz

Das prunkvolle Gebäude erinnert auf den ersten Blick an einen Palast. Es liegt etwas abseits der touristischen Strecken in der Museumstraße unterhalb des einstigen Stadtgrabens – in etwa dort, wo, wie sich ältere Linzer Jahrgänge erinnern, kurz nach Kriegsende die Hauptbücherei untergebracht war. Auch davor hatte der Platz eine gewisse Bedeutung inne: Wie eine Tafel verrät, begann hier die Pferdeeisenbahn von Linz ins Salzkammergut ihre etwa sechsstündige Fahrt nach Gmunden.

Ein mächtiges steinernes Portal erwartet nun die Besucher. Rechts davon weht die rot-weiße Fahne mit dem Landeswappen. Seinen klangvollen Namen verdankt das Francisco Carolinum übrigens dem Erzherzog Franz Karl. Die Eröffnung „seines" Museums erlebte jener freilich nicht mehr, sie wurde von seinem Sohn Franz Joseph vorgenommen. Das Gebäude ist von einem Park umgeben. Moderne Skulpturen laden zur Betrachtung, Bänke zum Verweilen ein. Nähert man sich anschließend dem Eingang, dann öffnet sich sogleich wie von Geisterhand die altehrwürdige dunkle Holztür. Dahinter tritt man durch eine weitaus modernere gläserne Schiebetür auf den rot-weiß karierten Fliesenboden der Eingangshalle. Geplant wurde das späthistorische Museumsgebäude vom damals erst 25-jährigen Bruno Schmitz, dem späteren Erbauer des Völkerschlacht-Denkmals in Leipzig. Noch vor seiner Eröffnung im Jahr 1895 beherbergte es bereits die Landesgalerie und ist vielen Linzern daher auch noch unter diesem Namen ein Begriff. Über eine Steintreppe gelangt man zur Kasse im Halbstock. Derzeit werden hier wechselnde Ausstellungen aus den Bereichen Medienkunst und Fotografie gezeigt.

Sehenswert ist aber vor allem auch das Äußere des Hauses! Besonders der kolossale, mehr als 2 Meter hohe und mehr als 100 Meter lange Fries des Leipziger Bildhauers Melchior zur Straßen beeindruckt. Ebenfalls einen Blick oder ein Foto wert: Bei sonnigem Wetter spiegelt sich die Gebäudefassade in der moderneren des angrenzenden Krankenhauses der Elisabethinen.

- Francisco Carolinum Linz, Museumstraße 14, 4020 Linz
- ÖPNV: Bus 27, Haltestelle Museumstraße

Keplers Planeten

45 Das Landhaus in der Linzer Altstadt

Bei den Stichworten „Linz“ und „Planeten“ denkt wohl mancher an Johannes Kepler. Nicht zu Unrecht: Tatsächlich unterrichtete der Wissenschaftler 14 Jahre an der im Landhaus untergebrachten Landschaftsschule.

Der Renaissance-Brunnen aber stammt schon aus dem Jahr 1582 – und die Planeten sind auf den ersten Blick gar nicht als solche erkennbar. An der Spitze befindet sich Jupiter als Wettergott. Unter ihm folgen die fünf personifizierten Planeten des ptolemäischen Weltbilds begleitet von Mond und Sonne. Ironischerweise waren es gerade Keplers Forschungen und die von ihm erkannten Gesetze, die zur Ablöse durch das kopernikanische System führten! Doch ob dem heutigen Stand der Wissenschaft entsprechend oder nicht, der Brunnen im Arkadenhof des Landhauses ist einen Besuch wert. Auch der Hof vermittelt Besuchern einen Eindruck von Pracht und Größe. Nicht zuletzt dank des über ihm thronenden Turms, dessen goldglänzende Verzierungen ebenso wie die Zeiger seiner Uhr in der Sonne blendend hell strahlen.

Hier steht man mitten in der Geschichte. Das Landhaus als Regierungssitz der oberösterreichischen Stände wurde im 16. und 17. Jahrhundert erbaut – zuvor befand sich an dieser Stelle ein Kloster der Minoriten, von dem noch die Kirche erhalten ist. Leider zerstörte der Stadtbrand des Jahres 1800 große Teile des Hauses, auch die von Kepler hochgeschätzte Bibliothek. Der folgenden Aufschüttung des Stadtgrabens fiel unter anderem eine barocke Steinbrücke zum Opfer. Diese wurde bei Renovierungsarbeiten wiederentdeckt und ans Tageslicht gebracht.

Nicht nur ihretwegen lohnt sich beim Verlassen des Landhauses der Blick nach unten! Der in das Pflaster vor dem Tor eingelassene Metallring entspricht dem Durchmesser der Pummerin, der größten Glocke des Stephansdoms. Nach ihrer Zerstörung im Zweiten Weltkrieg wurde sie im nahen St. Florian neu gegossen und trat vom Landhaus, feierlich geschmückt, ihre Reise nach Wien an – auch sie somit eine Brücke zwischen Vergänglichkeit und Neuanfang.

- Landhaus, Promenade, 4020 Linz
- ÖPNV: Straßenbahn 1, 2, 3, 4, Haltestelle Taubenmarkt

Künstlerische Höhenflüge

46 Sport und Kultur im Lentos Kunstmuseum Linz

Zwei kleine Buchstaben machen den großen Unterschied aus: Man sollte das Linzer Kunstmuseum Lentos an der Donaulände nicht mit dem Lentia verwechseln, einem Einkaufszentrum an der Urfahraner Hauptstraße! Dass das moderne Kunsthaus relativ einsam ohne direkte Nachbarn steht, hat übrigens einen guten Grund. Genauso die erhaben und repräsentativ wirkende Lage auf einem hohen Betonsockel. Sie dient nicht etwa bloß dazu, auf die Schiffstouristen gleich beim Landgang einen bedeutsamen Eindruck zu machen. Nein, das Lentos ist dank seiner Bauweise selbst ein Teil des Hochwasserschutzes der Lände – und hat in dieser Funktion seit seiner Eröffnung im Jahr 2003 bereits die eine oder andere Flut überdauert.

Konzipiert wurde der quaderförmige Bau von den Schweizer Architekten Weber Hofer Partner AG. Mit seiner auffälligen transparenten Glashülle, die nachts in unterschiedlichen Farben beleuchtet wird, bildet das etwa 130 Meter lange Gebäude den Linzer Gegenpol zum Ars Electronica Center auf der Urfahraner Seite der Donau. Knapp die Hälfte seiner Länge nimmt ein „Fenster" ein und ermöglicht Glücksuchenden damit einen guten Blick über den Fluss – sowie dank der spiegelnden Verkleidung der darüberliegenden „Brücke" auch auf sich selbst!

Die Sammlung im Inneren reicht vom 19. Jahrhundert bis heute, von Gemälden und Grafiken über Fotografie bis hin zu bildhauerischen Werken. Herbert Bayer und die in Linz geborene VALIE EXPORT sind ebenso vertreten wie Kokoschka, Schiele und Klimt.

Neben der Kunst wird der leibliche Genuss großgeschrieben. So verfügt das Lentos über ein angeschlossenes Terrassencafé. Und auch die durch das Fenster ausgesparte Fläche auf dem Betonsockel führt man mitunter einer verblüffenden Nutzung zu: Schon mehrere Male fand hier ein Stabhochsprungwettbewerb statt. Die internationalen Athleten flogen dabei quasi ihrem eigenen, rund 7 Meter entfernten Spiegelbild entgegen. Die im Jahr 2018 übersprungene Rekordhöhe lag bei 5,82 Metern!

- Lentos Kunstmuseum Linz, Ernst-Koref-Promenade 1, 4020 Linz, Tel. +43 (7 32) 70 70 36 00, www.lentos.at
- ÖPNV: Straßenbahn 1, 2, 3, 4, Haltestelle Hauptplatz

museum lentos kunstmuseum

Glaube kommt von Herzen

47 Stille genießen in der Herz-Jesu-Kirche

Hin und wieder leitet der Zufall die Schritte der Glücksuchenden. Da will man zum Beispiel nur in der Gegend etwas abholen. Und wenn man schon hier ist und ein bisschen Zeit hat, könnte man sich doch gleich näher umsehen in einem Teil der Stadt, in den man nicht ganz so oft kommt. Auf diese Weise betritt man beispielsweise an einem sonnigen Nachmittag zum ersten Mal die Herz-Jesu-Kirche. Oder um ganz genau zu sein: die Pfarrkirche Linz-Heiligstes Herz Jesu.

Der alles überstrahlende erste Eindruck ist jener eines schlichten, hellen, freundlichen Gotteshauses. Kein Wunder, ist die Kirche doch vergleichsweise jung: Im Gegensatz zu manchem Barockbau wie etwa der Ursulinenkirche an der Landstraße wurde sie erst Anfang des 20. Jahrhunderts von den Redemptoristen errichtet und wirkt dementsprechend dezent und modern. Anstelle vergoldeten Prunks begrüßt die Besucher links des Eingangs eine überlebensgroße Christusstatue mit einem hervorgehobenen Herzen und einer segnend erhobenen Hand. Sehenswert ist auch der kunstvoll geschnitzte Steinblock neben dem Hauptaltar mit seiner Aufbewahrung für den Tabernakel. An der rechten Wand prangt ein Wandteppich. Er zeigte Jesu Taufe durch den heiligen Johannes und befindet sich folgerichtig über dem Taufbecken. Außerhalb der Messzeiten herrscht in der Kirche Stille. Die eigenen Schritte hallen auf den Steinfliesen. Ein Blick zur Decke verrät: Sie ist mit kunstvoll bemalten Holzpanelen und geschnitzten Balken verziert. Auch die bunten Glasfenster bestechen durch ihre Schlichtheit und ihr dezentes Farbenspiel. Das Sonnenlicht, das von draußen hereindringt, verzaubert. Es lässt den Boden hier rot, dort nahezu golden strahlen. Ungewöhnlich mutet die Position der Stufen hinab zur Krypta an. Der Abstieg befindet sich nämlich ganz vorne unter dem Altarbild. Vielleicht um den Gläubigen stets vor Augen zu führen, wie nah das Auf und Ab im Leben oft zusammenliegen?

- Herz-Jesu-Kirche, Lissagasse 4, 4020 Linz
- ÖPNV: Straßenbahn 1, 2, Haltestelle Herz-Jesu-Kirche

Im falschen Film

48 Theo Blaickners Buch-Skulptur im Schillerpark

Es ist, das sieht man auf den ersten Blick, eindeutig ein Buch. Passenderweise am Rande des Schillerparks direkt vor der Österreichischen Landesbibliothek platziert, wenn auch wohl deutlich größer als die sonst dort aufbewahrten Bestände! Die aufgeschlagenen Seiten der Chrom-Nickel-Stahl-Skulptur „Das andere Buch" von Theo Blaickner verfügen nämlich über eine beachtliche Höhe, die durch ein zusätzliches Stahlrohr sowie durch aus dem Buch ragenden Kriegsschrott noch betont wird. Das ursprünglich für eine Ausstellung in Wien geschaffene Werk fand mit der Erweiterung des Parks hier seinen dauerhaften Standort.

Auch abgesehen von dem Buch, der Bibliothek und natürlich Friedrich Schiller, welcher dem Park seinen Namen leiht und welchem man zum 200. Geburtstag ein Denkmal spendiert hat, verfügt dieses Fleckchen von Linz über erstaunliche kulturhistorische Bedeutung: Im angrenzenden Gebäude Schillerpark 1 befand sich zum Beispiel seit dem Jahr 1936 das Lichtspielhaus Kolosseum. Trotz der Beschädigungen durch Granattreffer im Zweiten Weltkrieg, der amerikanischen Besatzungszensur und der zunehmenden Konkurrenz durch Fernsehen, Video und große Kinocenter hielt es sich immerhin bis zum Jahr 2002! Das nunmehrige Lokal einer amerikanischen Fast-Food-Kette auf der anderen Seite der Landstraße wiederum beherbergte zwischen 1969 und 1979 das „Ohne Pause"-, kurz OP-Kino, in dem, nomen est omen, nonstop Vorführungen liefen.

Heute tummeln sich im und um den Park anstelle des Kinopublikums der Zwischen- und Nachkriegszeit zumeist die Jugendlichen mit ihren Handys. Die Wochenschau wurde längst durch Videos auf einschlägigen Plattformen ersetzt. Die pinkfarbenen Sitzgelegenheiten rund um das etwas andere Buch laden alle Medienkonsumenten dazu ein, mal eine Pause einzulegen, kurz vom Display aufzusehen und anstelle der Newsticker und Berichterstattungen die Seiten der Skulptur zu studieren – die Gedanken vom Jetzt in die Vergangenheit zurückschweifen zu lassen.

- Skulptur „Das andere Buch", Schillerpark, Landstraße, 4020 Linz
- ÖPNV: Straßenbahn 1, 2, 3, 4, Haltestelle Bürgerstraße

T. BLAICKNER /93

49 Kulturgenuss im Musiktheater am Volksgarten

Vor einigen Jahren sah es „auf der Blumau", am heutigen Standort des Musiktheaters, noch wesentlich anders aus. Auf einer Seite des damaligen Blumauerplatzes erhob sich das Unfallkrankenhaus, kurz UKH genannt; auf der anderen die Milchtrinkhalle mit ihrer auffälligen, weithin bekannten Uhr. Dazwischen: ein vor allem bei Fahrschulprüfern (und weitaus weniger bei Fahrschulprüflingen!) beliebter Kreisverkehr, angeblich nämlich der einzige im ganzen Bundesgebiet, in dem die Straßenbahn nicht immer und ausschließlich Vorrang hatte. Davon ist nichts übrig: Die genannten Gebäude wurden längst abgerissen und die Straßenbahn als „Linzer Mini-U-Bahn" unter die Erde verlegt. Auf dem Blumauerplatz (heute: Am Volksgarten) erhebt sich inzwischen ein mächtiger Bau nach Plänen des Briten Terry Pawson, welcher auf den ersten Blick möglicherweise eher an ein Messe- oder Kongresszentrum als an ein Theater erinnert. Seine Errichtung war sowohl in der Politik als auch in der Linzer Bevölkerung durchaus umstritten – sei es wegen der Größe des Hauses und der damit verbundenen wahrhaft monumentalen Gesamtbaukosten in Höhe von mehr als 180 Millionen Euro oder wegen der Lage: pikanterweise ausgerechnet dort, wo schon 1938 nach dem „Anschluss Österreichs" das Opernhaus vorgesehen war. Oder auch deshalb, weil sich noch im Jahr 2000 die Oberösterreicher mehrheitlich gegen einen solchen Bau – wenngleich an einem anderen Standort – ausgesprochen hatten.

Wie auch immer: Der Siegeszug des Musiktheaters erwies sich als unaufhaltsam. Längst ist es aus dem Stadtbild nicht mehr wegzudenken. Und nicht nur sein Äußeres, auch sein Inneres wird geschätzt! Denn nun können hier die Linzer ebenso wie die Gäste in Musicals, Balletts, Operetten und natürlich Opern schwelgen. Eröffnet wurde das Haus im Jahr 2013 mit dem Wagner-Zyklus „Der Ring des Nibelungen", woran auch die Skulptur einer sich in den Schwanz beißenden Schlange im angrenzenden Volksgarten erinnert. In diesem Sinne: Bühne frei!

● Landestheater Linz – Musiktheater, Am Volksgarten 1, 4020 Linz, Tel. +43 (7 32) 76 11 40 0, www.landestheater-linz.at
● ÖPNV: Bus 27, Haltestelle Musiktheater

Kühnes Design

50

Betrachtungen am Herbert-Bayer-Platz

Der kleine Platz liegt gut versteckt und doch nur ein paar Gehminuten vom Zentrum entfernt. Eine altehrwürdige Platane, eine jüngere Linde und ein paar Sitzgelegenheiten bevölkern ihn. Auch das öffentliche Bücherregal erfreut sich regen Zuspruchs! Wer seinen Blick zum Gebäude gegenüber schweifen lässt, begegnet unerwartet einem Kleinod des funktionalen Designs. Der terrakottafarbene Bau nämlich beherbergt heute das afo architekturforum oberösterreich – und ist zugleich selbst ein architektonisches Juwel der Zwischenkriegszeit.

Mit einer interessanten Geschichte: Gegen Ende des 19. Jahrhunderts entstand an dieser Stelle zunächst in einem Stadel (Schuppen) die Volksküche. Nach dem Ersten Weltkrieg wurde sie von der Stadt Linz übernommen und unter dem damaligen Stadtbaudirektor Curt Kühne grundlegend umgestaltet. Und das in einem wahrhaft „kühnen" Design mit zahlreichen architektonischen Details, die eine genauere Betrachtung verdienen: ob nun die Form der Laternen zu beiden Seiten des Eingangs, der Erker mit angrenzendem Balkon darüber oder die Metallkronen über den Spitzbogenfenstern in der Lederergasse.

Der Meister dieses Designs, Curt Kühne, stammte aus Thüringen. Er studierte an der Technischen Hochschule Dresden Architektur und begann seine Laufbahn danach am Stadtbauamt Charlottenburg. Seit dem Jahr 1915 arbeitete er für die Stadt Linz, deren Wappen an einer Ecke des Gebäudes gut sichtbar in den Stein gemeißelt ist. Für seine Wahlheimat plante Kühne außerdem zahlreiche Wohnbauten, etwa den Dametzhof in der Hyrtlstraße gegenüber dem Allgemeinen Krankenhaus. Daneben hinterließ er der Nachwelt ein Erbe an öffentlichen Zweckbauten. So tragen zum Beispiel die Fleischmarkthalle in der Holzstraße, die Diesterwegschule und nicht zuletzt das Parkbad seine Handschrift. Was die Ästhetik des Stadtbilds anging, war Kühne seiner Zeit voraus. Erst nach seinem Tod wurden die von ihm propagierte Promenade an der Donaulände und der Bau des neuen Rathauses ausgeführt.

TIPP

Das Straßenschild „Eisenbahngasse" erinnert an die Pferdeeisenbahn, deren Trasse hier verlief.

- Herbert-Bayer-Platz, 4020 Linz
- ÖPNV: Bus 26, 27, Haltestelle Museumstraße

Kaiserlich(t)

51 Der Lichtbrunnen in der Linzer Altstadt

Drei Wege treffen an dieser Stelle zusammen: erstens die nach dem kaiserlichen Hof betitelte Hofgasse, welche vom Hauptplatz zur Schlossstiege führt; zweitens der Hofberg hinab zur Donau bzw. zur nach einem der mittelalterlichen Linzer Bäder benannten Badgasse; drittens das Gässchen mit dem schlichten Namen „Altstadt", welches Glücksuchende tiefer in ebendiese zu lotsen verspricht. An ihrer Kreuzung steht ein Brunnen, wenn auch nicht (mehr) für Wasser. Wo bei anderen Vertretern seiner Gattung Fontänen das Nass in ein Becken versprühen, speichern hier Solarpaneele tagsüber das Sonnenlicht und geben es nachts frei. Der Lichtbrunnen dient als schönes Beispiel dafür, wie sich in Linz Tradition und Moderne im Wechselspiel ergänzen. Seine schlichte Form wirkt vor allem auch durch den Kontrast zu den umliegenden Häusern. Etwa dem Apothekerhaus am Hofberg 10: Mindestens seit dem 16. Jahrhundert befand sich darin die Apotheke zum Schwarzen Adler. An der Gebäudefassade gegenüber erinnert ein venezianischer Löwe an die einstige Bedeutung von Linz als mittelalterliche Handels- und Messestadt.

Apropos Venedig: Während Kaiser Friedrich III. im Jahr 1492 auf seinem Alterssitz im Linzer Schloss weilte, kam eine Delegation des italienischen Stadtstaates zu Besuch und blieb mehrere Wochen. Wenn auch wohl nicht ganz freiwillig, denn wie das Tagebuch eines Gesandten bezeugt, stießen die bescheidenen Vergnügungen in der doch eher verschlafenen Kaiserstadt bei den weit gereisten Gästen nur bedingt auf Zuspruch. Man mag sich fragen, ob Langeweile womöglich – nebst der Baufälligkeit des Schlosses – mit ein Grund dafür war, dass fast 300 Jahre später ein anderer Kaiser, Joseph II., bei seinen Linz-Aufenthalten lieber in der Handwerkerherberge Zur weißen Gans am Hofberg 4 nächtigte. Eine Tafel an deren Fassade erinnert bis heute an den hochwohlgeborenen Besucher.

- Lichtbrunnen, Ecke Hofgasse/Hofberg/Altstadt, 4020 Linz
- ÖPNV: Straßenbahn 1, 2, 3, 4, Haltestelle Hauptplatz

Bin mal weg bei Balzarek

52 Aussicht genießen am Bauernberg

Es geht aufwärts. Von der Haltestelle Hopfengasse auf der nach dem Heimatschriftsteller Peter Rosegger benannten Straße. Je weiter man kommt, desto mehr verklingt der Verkehrslärm. Schließlich gelangt man zu einer Kreuzung. Links verläuft eine steile Treppe aufwärts, rechts führt der Weg zwar etwas langwieriger, aber dafür auch bequemer die gewundene Straße entlang. So oder so erreicht man zu guter Letzt das Haus Roseggerstraße 2 – und nur ein paar Meter weiter links das Balzarekrondeau. Seinen Namen hat es von dem Jugendstilarchitekten Mauriz Balzarek, der viele Jahre in Linz lebte und hier für zahlreiche Bauten verantwortlich zeichnete; unter anderem für das nahe Pförtnerhaus der Villa Hatschek sowie für die Villa Liebherr (Auf der Gugl 7). Er selbst wohnte – na logisch – in der Villa Balzarek in der Niederreithstraße 34.

Hier oben angelangt, vernimmt man plötzlich ein Plätschern. Es kommt vom Neptunbrunnen. Dessen ursprüngliche Figuren verschwanden zwar im Zweiten Weltkrieg, doch passend zum Namen zeigt die heutige Plastik von Walter Ritter einen Wassermann mit erhobenem Dreizack umgeben von vier Wasserpferden.

Vor allem bietet sich Glücksuchenden von dieser Stelle ein schöner Blick auf den Linzer Süden: vom Fernheizkraftwerk, dessen Schlot durch die Baumkronen blitzt, bis zu den zahlreichen modernen Hochhaustürmen und natürlich dem heutigen Bauernbergpark unterhalb des Rondeaus, welcher ursprünglich als Sandgrube genutzt wurde. All das umrahmt von einem dichten Wald aus alten Laub- und Nadelbäumen.

Übrigens: Wer sich von der Aussichtsplattform weiter nach links wendet, gelangt vorbei an so mancher Villa zum oberen Ende einer steilen Böschung. Aus unbestätigten Quellen heißt es, dass auf jenem zum Bauernbergpark gehörigen Hang schon hin und wieder weniger gut betuchte Linzer beim Maroniklauben beobachtet worden seien. Oder betrafen diese Sichtungen doch nur die vierbeinigen, langohrigen, Haken schlagenden Parkbewohner?

- Balzarekrondeau, Auf der Gugl 4 bzw. 6 (gegenüberliegend), 4020 Linz
- ÖPNV: Bus 27, Haltestelle Hopfengasse

Durch die Decke gehen

53 Im Transzendenzaufzug der Kunstuniversität

Zur Linzer Geschichte gehört leider auch ihre unrühmliche Bedeutung, die ihr während der NS-Zeit zuteilwurde. Adolf Hitler wollte seine „Jugendstadt" zu einer der fünf deutschen Führerstädte aufbauen. Der Diktator ließ von seinem Architekten Albert Speer die ganze Innenstadt neu planen: Fast alle Zeugnisse vergangener Jahrhunderte vom Schloss bis hin zur barocken Altstadt sollten durch Bauten unter seiner Herrschaft ersetzt werden. Zum Glück für das Stadtbild, die Linzer Identität und den Rest der Welt kam es anders. Letztendlich wurden von dem umfangreichen Vorhaben nur die Nibelungenbrücke und ihre Brückenkopfgebäude errichtet. Letztere beherbergten später die Kunstuniversität und bescherten Linz dadurch manch neue Attraktion. Hier durfte in den 1970er-Jahren erstmals die Nike über den Dächern fliegen. Und im Jahr 2017 wurde im Rahmen einer Sanierung das Dach des östlichen Brückenkopfgebäudes durchbrochen. Seither ragt ein gläserner Quader in den Himmel, der Transzendenzaufzug der Künstlerin Karin Sander. Der Lift verbindet das Praktische mit dem Außergewöhnlichen, das Nützliche mit dem Begeisternden. Einerseits bietet er Platz für die Studenten, deren Werke und Materialien. Andererseits ermöglicht er Besuchern, Linz aus ganz neuer Perspektive zu entdecken. Was diese dafür tun müssen? Nur im Lift „Stiege West" den Knopf für das sechste Stockwerk drücken. Oben klingelt es zwar, doch ist kein Ausstieg vorgesehen. Dafür bietet die Kabine einen Rundumblick zum Schloss und dem Freinberg sowie über die Donau aufs Petrinum und den Pöstlingberg. Man ist mit den Türmen der Stadtpfarrkirche, des alten und des neuen Doms und des Landhauses per Du.

Einzigartig gestaltet sich die Aussicht auf den Hauptplatz mit seiner Dreifaltigkeitssäule und dem alten Rathaus. Wer schon immer wissen wollte, wie die Tauben den größten Linzer Platz erleben, sollte daher unbedingt zu einem ganz persönlichen Rundflug abheben.

● Transzendenzaufzug, Brückenkopfgebäude Ost, Hauptplatz 6, 4020 Linz
● ÖPNV: Straßenbahn 1, 2, 3, 4, Haltestelle Hauptplatz

Verbissenheit lohnt sich!

54 Das Alte Rathaus im Herzen von Linz

Drei Fenster breit, drei Stockwerke hoch: Genau diese Maße durfte im Mittelalter ein Bürgerhaus am Hauptplatz haben. Aus gutem Grund, war die beste Adresse von Linz doch als Wohnsitz begehrt und der Baugrund entsprechend rar. Noch heute kann man die einstigen Vorgaben an so manchem der umliegenden Gebäude erkennen.
Wenn auch leider nicht am Alten Rathaus selbst, das erst später durch Neubau bzw. Zusammenschluss entstand. Immerhin aber verfügt es über einen schmucken Arkadenhof – ebenfalls eine mittelalterliche Bedeutsamkeit und vor allem zu Marktzeiten wichtig, wenn sich die reichen auswärtigen Kaufleute in solchen Höfen einmieteten und dort ihre holländischen Tuche oder andere kostbare Waren präsentierten. Sogar noch etwas herrschaftlicher ging es auf dem Platz vor dem Alten Rathaus (das Neue Rathaus befindet sich in Urfahr jenseits der Donau) im Jahr 1521 zu. Da nämlich heiratete der spätere Kaiser Ferdinand I. in Linz seine Anna. Im Zuge der Festlichkeiten entspann sich ein Streit. Ein spanischer Edelmann aus Ferdinands Gefolge schlug am damals noch recht jungen Rathaus ein sogenanntes Kartell an, eine Aufforderung zum Zweikampf. Der hiesige Ritter Sebastian von Losenstein ließ sich nicht lange bitten, er nahm die Herausforderung an und besiegte seinen Gegner. Freilich nicht auf die allerfeinste Art. Hatte er doch seinen Hengst dazu abgerichtet, sich in das Streitross des Spaniers zu verbeißen! Eine durchaus effektive Taktik, die ihm nebst dem Turniersieg auch die Ehre eintrug, zusammen mit dem edlen Brautpaar das „Linzer Fenster" des Mariendoms zu zieren.
Auf derartige Spektakel müssen die heutigen Besucher (leider) verzichten – dafür bietet sich ihnen eine moderne Besonderheit, die wohl auch manchen damaligen Ritter in Staunen versetzt hätte: Den Boden des Foyers im Rathaus ziert als Besonderheit eine großflächige Luftbildaufnahme. Sie erlaubt es Gästen, (gefühlt) frei wie ein Vogel über dem Linzer Stadtgebiet zu schweben. Eindrucksvoll!

TIPP
Unweit des Rathauses wurde ein begehbarer Linz-Schriftzug installiert – die perfekte Foto-Kulisse!

- Altes Rathaus, Hauptplatz 1, 4020 Linz
- ÖPNV: Straßenbahn 1, 2, 3, 4, Haltestelle Hauptplatz

Kreuz-Weg

55 Am Stoanas Kreuz in Rufling

Die kürzeste Anreise ist die mit dem Bus, doch auch der etwas längere Weg mit der S-Bahn verdient eine Empfehlung. Denn steht man nach dem Verlassen des Zugs auf einem Bahnsteig zwischen Feldern, wird rasch klar: Die Gegend hat sich trotz ihrer Zugehörigkeit zur Stadt Leonding bzw. zum sogenannten Speckgürtel von Linz ihren dörflichen Charakter und ihre eigene Identität bewahrt. Über die Grünburgstraße geht es zwischen Bauernhöfen, üppig bewachsenen Gärten und vorbei an einem hölzernen Wegkreuz auf den hohen Turm der Feuerwache zu. Ein Stück dahinter wartet, von der Ruflinger Straße zu Fuß erreichbar und idyllisch auf einer Anhöhe unter Bäumen gelegen, unser Ziel: das Stoana (oberösterreichisch: Steinerne) Kreuz.

Die genauen Hintergründe seiner Errichtung liegen heute im Geschichtsdunkel verborgen. Fest steht nur, dass es bereits im 16. Jahrhundert als altes Denkmal erwähnt wurde und wahrscheinlich den Weg von Rufling ins benachbarte Dörnbach markierte, wo sich eine Wallfahrtskirche befindet. Jene Kirche war bei Pilgern so beliebt, dass sie zu Beginn der Neuzeit sogar eine Außenkanzel erhielt, wodurch die Messen unter freiem Himmel gelesen werden konnten. Bei der Skulptur in Rufling handelt es sich um ein überdachtes Standbild Marias mit dem Leichnam ihres Sohnes. Diese Pietà hat schon manch Leidvolles miterleben müssen. So trafen sich, heißt es, hier die Bauern zu ihrem glücklosen Aufstand gegen die Obrigkeit im Jahr 1626.

Heute laden hölzerne Bänke die Glücksuchenden ein, ebenso wie einst Wanderer, Bauern oder Pilger eine Rast einzulegen. An einem lauen Sommerabend hört man die Grillen zirpen. Man spürt den Wind, der Ahorn und Linden rascheln lässt, und sieht, wie sich der Weizen sanft wiegt. Zur Linken breitet sich das Stadtgebiet von Leonding und Linz aus. Weiter hinten erstreckt sich der lang gezogene, mit dunklem Grün bewachsene Hügel des Kürnberger Walds – auch er ein Ort mit langer Geschichte.

- Stoanas Kreuz, über die Ruflinger Straße, 4060 Rufling
- ÖPNV: Bus 17, S-Bahn 5 ab Linz Hauptbahnhof, Haltestelle Rufling

Fingerdicke Scheibe Glück

56 Purer Genuss beim Leberkas-Pepi

Wer in Oberösterreich nach „Fleischkäse" verlangt, wird wahrscheinlich erst einmal schief angeschaut. Denn „Leberkäse" oder eher noch „Leberkas" – so lautet die geläufige Bezeichnung für die deftige Spezialität. Und daher finden sich in der Rathausgasse, nur wenige Schritte vom Hauptplatz entfernt, gleich zwei Linzer Attraktionen. Die eine ist ein historisches Wohnhaus des Mathematikers und Astronomen Johannes Kepler, welches den sogenannten Kepler Salon beherbergt. Die andere ein uriges, kleines Lokal mit niedriger Decke, Sitznischen in den Fenstern und einem schmiedeeisernen Gitter außen, auf dem in goldenen Lettern der Name prangt: Leberkas Pepi.

1989 gegründet, hat sich der Pepi längst zu einer Linzer Institution entwickelt. Soll heißen: Man kann in der Stadt fast nicht groß geworden sein, ohne ihn frequentiert zu haben. Die Öffnungszeiten von mitunter bis fünf Uhr morgens sind dabei kein Zufall – für viele Nachtschwärmer in der Altstadt auf der anderen Seite des Hauptplatzes gehört ein Abstecher zum Pepi einfach zu einem gelungenen Fortgeh-Abend. Aber auch tagsüber, etwa während des sommerlichen Gauklerfestivals Pflasterspektakel oder beim Ritterfest, heißt es anstellen, um eine fingerdicke Schnitte vom Glück zwischen zwei Brötchenhälften zu ergattern.

Die Geschmacksauswahl ist vielfältig. Neben Pikant, Chili, Pizza, Röstzwiebel oder Spinat/Knoblauch gibt es wechselnde Spezialsorten, etwa den äußerst würzigen „Pferd Käseroni" mit 70 Prozent Pferdefleisch-Anteil – ein „g'schmackiger" Geheimtipp! Das Fleisch für alle Sorten stammt aus Österreich.

Weil so viel Gutes Begehrlichkeit erweckt, gibt es den Pepi inzwischen in Linz auch am Hauptbahnhof sowie in Pasching im Einkaufszentrum Plus City. Und damit der Rest von Österreich ebenfalls am Glück teilhaben darf, sagt er auch schon den Wienern an mehreren Standorten „Servus" und den Klagenfurtern „Habidere". Guten Appetit!

● Leberkas-Pepi, Rathausgasse 3, 4020 Linz, Tel. +43 (7 32) 79 68 68 20
www.leberkaspepi.at
● ÖPNV: Straßenbahn 1, 2, 3, 4, Haltestelle Hauptplatz

Der Maestro (di-)regiert

57

Das Brucknerhaus an der Donaulände

Was den Salzburgern ihr „Wolferl" Amadeus Mozart, das ist den Linzern Anton Bruckner. Mit dem Brucknerhaus, dem einstigen Brucknerkonservatorium (an dessen Standort heute der Bruckner-Tower aufragt) und der Anton Bruckner Privatuniversität hat Linz seinem berühmten Sohn schon manch ein Denkmal gesetzt. Wobei „Sohn" womöglich nicht ganz die richtige Bezeichnung ist, wurde Bruckner doch nicht in Linz geboren, sondern im nahen Ansfelden. Dennoch spielte die Stadt an der Donau für seinen Werdegang eine prägende Rolle. Hier verbrachte er Studienzeiten und nahm im Jahr 1855 an einem Wettorgeln teil, welches über die Neubesetzung der Stelle des Domorganisten entschied. Bruckner gewann. In seiner Zeit als Linzer Dom- und Stadtpfarrorganist war er zudem Chordirigent und komponierte eigene Werke, ehe es ihn 13 Jahre später nach Wien zog. Kein Wunder also, dass bereits vor dem Zweiten Weltkrieg in Linz erste Stimmen laut wurden, die danach strebten, dem Komponisten und Orgelvirtuosen bauliche Ehre zu erweisen. Erst im Jahr 1974 aber konnte das Brucknerhaus an der Donaulände eröffnet werden. Es spielt auch – im wahrsten Sinne des Wortes – eine tragende Rolle bei einer ganz besonderen Errungenschaft: der Klangwolke. Jene hatte ihren ersten großen Auftritt im Jahr 1979 zur (ebenfalls erstmaligen) Eröffnung des Ars Electronica Festivals. Die Vorgehensweise war ebenso simpel wie effektiv: Bruckners „Achte Sinfonie" lief im Radio und die Linzer waren eingeladen, ihre Empfangsgeräte ans offene Fenster zu stellen. Bereits im nächsten Jahr kam die Musik live aus dem Brucknerhaus, und dabei ist es bis heute geblieben. Inzwischen gibt es drei Klangwolken: neben der klassischen auch eine für Kinder und eine visualisierte. Bei den letzteren beiden handelt es sich um multimediale Großspektakel, die jeden September den Donaupark vor dem Brucknerhaus in eine gigantische Bühne verwandeln. Was wohl der Maestro dazu sagen würde?

TIPP

Anton Bruckner kehrte während seiner Linzer Zeit gern beim Schwarzen Bock (Altstadt 22) ein.

● Brucknerhaus, Untere Donaulände 7, 4020 Linz, Tel. +43 (7 32) 77 52 30
www.brucknerhaus.at

● ÖPNV: Bus 26, Haltestelle Brucknerhaus

100 ist doch kein Alter

58 Stieleiche am Zehnerturm in Leonding

„Zehnerturm" heißt diese Gegend seit jeher bei den Einheimischen. Ihr Name kommt von der Maximilianischen Turmlinie, jenem Befestigungsring, den der Erzherzog gleichen Namens in den 1830er-Jahren um Linz und seine Umgebung ziehen ließ. Hier auf einem Höhenrücken oberhalb Leondings befinden sich davon der Turm 10 mit dem Namen Gertrude (wenn auch recht versteckt umgeben von den Resten eines früheren Waldes) sowie der Turm 9, Apollonia, welcher heute das Turmmuseum beherbergt. Von dem Höhenrücken sieht man weit übers Land, sowohl nach Linz und dem Pöstlingberg, den Scheinwerfern des Stadions und den rauchenden Schloten der voestalpine als auch über das Stadtgebiet von Leonding bis hin zur Sporthalle und noch weiter zum Fernsehturm von Ansfelden, ja, bei einigermaßen gutem Wetter bis zu den Gipfeln der Alpen.

Den besten Blick hat dabei wohl eine ganz besondere Bewohnerin – und das seit immerhin schon mehr als 100 Jahren! Nein, es handelt sich nicht um eine ältere Leondinger Dame. Sondern um eine Eiche, genauer gesagt Stieleiche. Sie steht einsam auf weiter Flur auf einer Wiese an der Daffingerstraße und bekommt dennoch regelmäßig Besuch. Einst waren es Kinder aus den umliegenden Siedlungen, die in ihre Krone kletterten oder es sich mit einem guten Buch darin gemütlich machten. Nun sind es die Spaziergänger auf dem Weg zur oder von der Gaststätte Buschenschank sowie die Krähen, die im Herbst auf den Feldern nach Essbarem picken.

Ganz besonders turbulent geht es in der letzten Nacht des Jahres zu. Dann nämlich versammeln sich hier die Menschen von nah und fern, um die Aussicht auf die überall stattfindenden Silvesterfeuerwerke zu genießen und womöglich selbst das ein oder andere Raketerl in den Himmel zu jagen. Zu Mitternacht tönen dann aus so manchem Handy die Schläge der Pummerin. Man stößt mit Sekt an, tanzt ein paar Takte Donauwalzer – und wieder schließt sich ein Jahresring und beginnt ein neuer.

- Naturdenkmal Stieleiche, nahe Daffingerstraße, 4060 Leonding
- ÖPNV: Bus 19, Haltestelle Turmmuseum

Entschleunigung

59 Fahrt mit der Ottensheimer Drahtseilbrücke

Glück gehabt, mag man denken. Man eilt vom Marktplatz hinunter und sieht die Fähre hinter dem geschlossenen Schranken. Kommt man atemlos an, stellt sich freilich heraus: Sie befindet sich längst nicht mehr am Ufer, sondern nähert sich der Strommitte. Dann heißt es warten. Sich in Geduld üben.

Ein Seil über der Donau verbindet Ottensheim und Wilhering. Doch keine Angst, Glücksuchende müssen darauf nicht wie Till Eulenspiegel von einem Ufer zum anderen tanzen! Denn auch wenn mancher, der oft im Stau steht, dies bestreitet: Die Linzer sind verwöhnt, was die Zahl ihrer Brücken angeht. Jedenfalls verglichen mit dem Umland. Zwischen Linz und Passau gibt es nur mehr zwei (!) feste Brücken in Aschach bzw. Niederranna. So entstanden anderswo lokale Lösungen wie eben diese Querfähre. Ihr Motor ist erst auf den letzten Metern zu hören – der Beweis, dass Niederwasser herrscht.

Der Schranken wird von Hand gehoben, jener oben an der Rampe mittels Seilkurbel. Der einzige Autopassagier rumpelt davon. Dann heißt es einsteigen, das Ticket lösen, und man legt ab. Anfangs hat man nicht wirklich das Gefühl, sich zu bewegen. Aber wirft man einen Blick auf die Häuser von Ottensheim, erscheinen diese doch ein wenig ferner. Bald wird der Motor ausgeschaltet. Nur das Plätschern des Wassers um die beiden Kiele des Katamarans bleibt. Der Blick schweift zum Gierseil – wobei „Gieren“ in diesem Fall nichts mit Habsucht zu tun hat, sondern als Fachbegriff die Bewegung der Fähre beschreibt. Das Seil verhindert ihr Abtreiben durch die Strömung, welche sie zugleich anschiebt.

Man gleitet dahin. Verspürt das vage Bedürfnis, die Nachrichten auf dem Handy zu checken oder die Zeit sonst wie „sinnvoll“ zu nutzen. Von der Pfarrkirche St. Ägidius tönt ein einzelner Glockenschlag herüber. Und irgendwann ist man da: Das Gierseil hat sich, ohne dass man es bemerkt hätte, doch ein gutes Stück bewegt. Hinter der Rampe wartet eine Ortstafel: „Ufer“, darunter in kleinerer Schrift: „Marktgemeinde Wilhering“. Bitte aussteigen!

TIPP

Am Eckhaus an der Donaulände 1 bewacht der „Brückenheilige“ Johannes Nepomuk die Drahtseilbrücke.

- Drahtseilbrücke Ottensheim, Donaulände 7, 4100 Ottensheim www.faehre.ottensheim.at
- ÖPNV: Regionalzüge von Linz-Urfahr (Mühlkreisbahnhof), Bahnhof Ottensheim

Glocken und Trompeter

60

Sehen und Lauschen am Linzer Hauptplatz

„Was mag das für ein Wesen sein?", fragten sich die staunenden Linzer im Februar des Jahres 1552. So groß! So grau! Mit solch ledrigen, herabhängenden Ohren! Des Rätsels Lösung? Es handelte sich bei dem merkwürdigen Tier um den ersten Elefanten, der je durch Linz stapfte. Soliman, so sein Name, gehörte Kaiser Maximilian II. Der indische Dickhäuter war ein Geschenk der jungen Johanna gewesen. Die 14-Jährige, Maximilians Cousine und gleichzeitig seine Schwägerin, hatte Soliman ihrerseits von ihrem Bräutigam erhalten. 1551 reisten Maximilian und seine Frau Maria mit ihrem Gefolge von Spanien nach Wien und kamen dabei durch Linz. Der Linzer Bürgermeister Jörg Hutter war von dem Elefanten so beeindruckt, dass er den vierbeinigen Staatsbesuch als Relief an der Fassade seines Hauses (Hauptplatz 21) abbilden ließ. Noch in den Jahrhunderten darauf hielt sich für das Gebäude gleich hinter dem Neptunbrunnen daher die Bezeichnung „Zum Elefanten" oder (benannt nach den Begleitern des Tiers) „Zu den wilden Männern".

Heute schallt zwar nicht mehr das Trompeten eines Elefants über den Hauptplatz – Musik aber gibt es noch immer zu hören! Und zwar empfiehlt es sich, hier kurz nach 11, kurz nach 14 oder kurz nach 17 Uhr zu verweilen. Dann nämlich trägt einem der Wind oberösterreichische Kompositionen ans Ohr – Werke von Anton Bruckner, das weltberühmte Weihnachtslied „Stille Nacht" oder auch die von Hans Schnopfhagen vertonte Landeshymne „Hoamatland" des Schriftstellers Franz Stelzhammer. Die Glockenklänge scheinen in der Luft zu liegen. Scharfe Augen brauchen aber nicht lange, um zu entdecken, wo sich ihr Ursprung befindet: Ganz oben auf dem sogenannten Feichtingerhaus (Hauptplatz 18), in dem einst das Postamt und später eine Druckerei untergebracht waren, erhebt sich seit mehr als 40 Jahren das Linzer Glockenspiel.

TIPP

Der Neptunbrunnen vor dem Elefantenhaus ist nach einer verschollenen Statue benannt.

- Glockenspiel und Elefantenhaus, Hauptplatz 18 und 21, 4020 Linz
- ÖPNV: Straßenbahn 1, 2, 3, 4, Haltestelle Hauptplatz

ALEX
EINE BUCHHAND
KELLERTHEATER

Ohne Otter, ohne Otto

61

Historischer Rundgang durch Ottensheim

Um es gleich vorwegzunehmen: Der Name der Marktgemeinde kommt nicht etwa daher, dass hier die (Fisch-)Otter daheim wären – auch wenn man dies angesichts der Lage nah am Wasser meinen könnte. Fest steht, dass Ottensheim bereits im 12. Jahrhundert urkundlich erwähnt wurde, 80 Jahre später das Marktrecht erhielt und sich daher als ältester Markt des Mühlviertels bezeichnet.

Wer heute durch die Bahnhofstraße schlendert, dem springt zunächst die Landesmusikschule ins Auge. Über der Tür befindet sich das Marktwappen. Auffällig sind die beiden Hirschstangen neben dem Turm!

Wenig später gelangt man zur spätgotischen Pfarrkirche St. Ägidius. Außen an der Fassade sind Grabsteine angebracht, darunter jener des Alexius Lauffner, den im Jahr 1541 die Pest dahinraffte. Ein Blick ins Innere des hellen, freundlichen, eher schlichten Gotteshauses lohnt sich. Links neben dem hinteren Eingang führt eine Steintreppe hinauf. Oben befinden sich nicht nur Orgel und Chor, sondern auch – ungewöhnlich – ein kleiner Flügelaltar. Ebenfalls nicht alltäglich: Unterhalb der reich geschnitzten mittleren Spitze der Orgel (und somit für den Pfarrer gut sichtbar) prangt eine Uhr! Die Orgel wird von vier Wappen tragenden Engeln und vier sehr sympathischen Holzdrachen beschützt.

Wir verlassen die Kirche durch den seitlichen Ausgang. Der Marktplatz erstreckt sich bis hinab zur Donau, wobei sein steil abfallender Teil hinter der Mariensäule im Volksmund „Wasserberg" heißt. Charmant und sehenswert präsentieren sich die Häuserfassaden: rosa, gelb, grün, blau und wieder rosa, mitunter auch zweifarbig wie bei jenem Gebäude, das die Trafik beherbergt.

Unten glitzert schon die Donau. Zuvor aber wartet noch eine Kuriosität auf die Glücksuchenden: das Gebäude mit der Nr. 16, auch als Naymer- oder Kindlhaus bekannt. Wie eine Gedenktafel verrät, wurde hier angeblich Otto IV. geboren. Ob das stimmt, darf freilich bezweifelt werden: Im genannten „Geburtsjahr" 1208 war der Kaiser bereits um die 33 Jahre alt!

- Bahnhofstraße und Marktplatz, 4100 Ottensheim
- ÖPNV: Regionalzüge von Linz-Urfahr (Mühlkreisbahnhof), Bahnhof Ottensheim

Dünenromantik

62 Spaziergang auf dem Treppelweg in Wilhering

Wir starten neben dem Zisterzienserstift Wilhering. Dieses ist mit seiner „zuckerlrosa" Rokokokirche, seinen prächtigen Parkanlagen und seiner Kunstsammlung übrigens auch selbst einen Besuch wert! Auf dem Weg zum Donausteig erhaschen wir zur linken Hand kurz einen Blick auf das Schloss Ottensheim. Ziemlich nahe, könnte man meinen. Nicht mehr als einen raschen Spaziergang entfernt. Bloß: Das ist ein Trick, ein Trugbild, eine Falle oder ein „Leger", wie man auf gut Österreichisch sagt. Zwar trennt die jeweiligen Zentren der beiden Marktgemeinden Wilhering und Ottensheim in der Luftlinie tatsächlich nicht viel mehr als 1 Kilometer. Aber die Donau, die man von hier (noch) nicht sehen kann, liegt dazwischen.

Wenn man so etwa um Mitte Mai herum auf dem Treppelweg unterwegs ist, erwarten einen zunächst Wiesen voller verblühter Löwenzähne – Pusteblumen –, die dazu einladen, aus ihren Stängeln Flöten zu fertigen. Ebenso die Pflanzen mit den großen Blättern, welche man landläufig „Regenschirme" nennt. Weitere Highlights auf dem Spaziergang stromaufwärts: die Skulpturen eines Bildhauers namens Natur. Ob ganz oder halb entwurzelt, geknickt oder malerisch ins Wasser hineinragend, die Kunstwerke aus Sand und Weidenholz wissen zu begeistern. Manch umgestürzter Baumstamm eignet sich auch für Kinder (und für solche im Geiste) als Balancierübung. Anwohner führen ihre Hunde aus oder begeben sich mit Hängematten ausgerüstet ans Ufer. Ein Pärchen spielt Schach. Ein anderes sitzt Seite an Seite auf einer Baumwurzel und genießt die Frühlingssonne.

Mehr Verkehr herrscht auf und über dem Wasser: sei es durch Schiffe oder durch die tief fliegenden Schwalben, die den Gelsen hinterherjagen. Das eine oder andere Stück Holz treibt in Richtung Schwarzes Meer. Soll heißen: Mit den sandigen Böschungen, dem Schotter, dem Wasser und hin und wieder einer (möglicherweise nicht ganz legalen) Feuerstelle finden Glücksuchende hier das Beste, was im Herzen Europas an Dünenromantik möglich ist.

- Treppelweg, hinter dem Stift Wilhering (Linzer Straße 4), 4073 Wilhering
- ÖPNV: Busse des OÖVV von Linz Obere Donaulände, Haltestelle Wilhering Ortsmitte

Hohe Erwartungen

63 Die Franz-Josephs-Warte auf dem Freinberg

Der Name Freinberg – er gehörte einem Freien – wurde erstmals gegen Ende des 15. Jahrhunderts erwähnt. 300 Jahre später war aus dem Galgenberg ein bekanntes Ausflugsziel der Linzer Bevölkerung geworden. Pferderennen fanden hier statt. Ein bürgerlicher Verschönerungsverein übte seine Tätigkeit aus. Die gemeinschaftliche Nutzung des Geländes gestaltete sich freilich nicht immer ganz konfliktfrei. Das Militär, welches die Wege in dem Waldpark fürs Exerzieren nutzte, lieferte ebenso Anlass für häufige Beschwerden wie später lärmende Motorradfahrer. Dennoch tummelten sich die Ausflügler in den nahen Gasthäusern mit ihren verlockenden Namen, sei es dem Milchmari-andl, der Schönen Aussicht oder dem Paradiesgarten. Ja, selbst der Komponist Franz Schubert lobte in einem Brief den hervorragenden Gerstensaft beim Jägermayr!

1888, anlässlich des 40-jährigen Thronjubiläums des Kaisers Franz Joseph, ließ der Verschönerungsverein dann die nach dem Herrscher benannte Aussichtswarte errichten. Zum Glück aus Ziegelsteinen – denn im Gegensatz zum Fliegerdenkmal im Freinberg-Park, dessen bronzene Ikarusstatue in der Metallsammlung landete, überdauerte sie den Zweiten Weltkrieg.

Noch heute machen viele Linzer beim Spazieren, Flanieren oder Trainieren rasch einen Abstecher nach oben und genießen die herrliche Aussicht in alle Richtungen: ob nun über die Linzer Innenstadt, zum Kürnberger Wald oder zur Pöstlingbergkirche. Man wähnt sich wahrhaft majestätisch, wenn erst einmal die 127 Stufen einer hölzernen Wendeltreppe hinter einem und eine ganze Stadt unter einem liegen!

Zehn Jahre später, zum 50-jährigen Thronjubiläum Franz Josephs, wurde übrigens kein Bauprojekt mehr gestartet. Stattdessen pflanzte der Verschönerungsverein seinem Herrscher zu Ehren ein Bäumchen, die heutige Kaisereiche beim gleichnamigen Spielplatz im Freinberg-Park. Und auch dem zuvor erwähnten Gerstensaft-Connaisseur Schubert wurde diese Ehre zuteil: Gleich unterhalb der Aussichtswarte steht seine Linde.

- Franz-Josephs-Warte, Freinberg-Park, 4020 Linz
- ÖPNV: Bus 26, Haltestelle Jägermayr

Geballte Schauspielkunst

64 Zu Gast im Landestheater an der Promenade

Vorhang auf, Bühne frei" hieß es in Linz schon vor mehr als 500 Jahren: Die erste Theateraufführung fand zu Beginn des 16. Jahrhunderts im Schloss statt – vor keinem Geringeren als Kaiser Maximilian I.! Später gastierten zu Messezeiten reisende Wanderbühnen in der Stadt. Ihre Spielstätten: Reitschule und Ballhaus. In Letzterem wurden zwar tatsächlich Tanzbälle abgehalten, in erster Linie aber handelte es sich um – würde man heute sagen – Sporthallen. Ihr Name leitet sich vom „Jeu de Paume" ab, einem bei Adeligen beliebten Vorgänger des Tennis oder Squash. Auch Ruprecht von der Pfalz, Sohn des glücklosen „Winterkönigs", verbrachte während seiner Gefangenschaft im Linzer Schloss viele Stunden im älteren Ballhaus vor dem Schmidtor.

Das neuere an der Promenade entwickelte sich zunehmend zu einem Schauspielhaus. So machten die „Pragerischen Comödianten" das ganze Jahr 1747 über in Linz Station. Bereits um diese Zeit entwickelten sich Pläne, das Ballhaus endgültig in ein Theater umzubauen.

TIPP

Ein später zu Wohnzwecken umgebautes Ballhaus befindet sich ganz in der Nähe in der Klammstraße 7.

Erst am 4. Oktober 1803 wurde jedoch das heutige Landestheater mit dem Trauerspiel „Oktavia" eröffnet. Zur Freude manch prominenter Besucherin! Etwa der Erzherzogin Maria Elisabeth, einer Tochter Maria Theresias. Die einstige Äbtissin des Damenstifts Innsbruck verbrachte ihren Lebensabend in Linz und war im Theater ein gern gesehener Gast.

Seit mehr als 200 Jahren wird hier nun schon auf den Brettern, die die Welt bedeuten, nach Herzenslust geweint und gelacht, gestorben und geheiratet. Im Jahr 1958 erlebte das Schauspielhaus eine Umgestaltung und begeistert auch heute (wieder) mit Fünfziger-Jahre-Flair. Etwa um dieselbe Zeit kamen die angrenzenden Kammerspiele dazu. Die Opern-, Musical- und Operettenaufführungen sind inzwischen ins Musiktheater abgewandert. Doch noch immer buhlen an der Promenade unverdrossen Schauspieler um die Gunst des Publikums – denn das größte Glück für sie bedeuten bekanntlich ein tosender Applaus und ein wiederholtes Vor-den-Vorhang-gerufen-Werden.

● Landestheater, Promenade 39, 4020 Linz, Tel. +43 (7 32) 76 11 40 0
www.landestheater-linz.at
● ÖPNV: Bus 27, Haltestelle Theater

THEATER

Älter als Ötzi

65

Entdeckungsreise im Leondinger Turmmuseum

Wer einen der Türme der ehemaligen Maximilianischen Verteidigungslinie hautnah erleben will, hat dazu am Pöstlingberg Gelegenheit. Oder im Turmmuseum auf Leondinger Stadtgebiet. Aber Vorsicht: Besucher, die allzu neugierig ums Gebäude schleichen und in eines der ebenerdigen Fenster spähen, finden sich unvermittelt einem Kanonenrohr hinter der Glasscheibe gegenüber! Dieses ist ein Teil der Dauerausstellung und zugleich ein Hinweis auf den ursprünglichen militärischen Zweck der Anlage – auch wenn jene während des Bestands der Verteidigungslinie nie Kampfhandlungen erlebte.

Trotz modernen Umgestaltungen blieb die ursprüngliche Raumaufteilung im Turm 9, der den klangvollen Namen Apollonia trägt, bis heute gewahrt: Wie auch die anderen Türme verfügt er über drei Geschosse plus Schartenstock sowie Innen- und Außenring. Das gut geschützte Herzstück im untersten Geschoss bildet der Brunnen. Dessen Tiefe? Stolze 31 Meter.

Ansonsten bietet das kleine, aber feine Turmmuseum Besuchern viel Wissenswertes zur Stadtgeschichte. Denn Leonding kann auf eine lange Besiedelungsdauer bis in die Jungsteinzeit zurückblicken. Wer nach Zeugen dafür sucht, wird im Turm fündig – bei Leondine, einem Frauenskelett, dessen Alter auf rund 6500 Jahre geschätzt wird. Zum Vergleich: Der weltberühmte Ötzi bringt es „nur“ auf etwa 5300 Jahre! Spätere Funde erzählen von der Besiedelung Leondings durch Kelten, Römer und Bajuwaren – auch die in den Ortsnamen der Gegend häufige Endung „ing“ kommt aus dem Bairischen.

Für Kinder gibt es im Museum Ausgrabungswerkzeuge zum Anfassen und die begehbare Nachbildung eines römischen Reisewagens. Angerissen wird ebenso die neuere Leondinger Geschichte: vom Bau der Kaiserin-Elisabeth-Bahn bis zur spektakulären Sprengung der beiden 20-stöckigen Wohntürme des Harter Plateaus im Jahr 2003. Ein kurzweiliger Streifzug durch die Jahrtausende für die ganze Familie!

TIPP

Es gibt auch Sonderausstellungen, die im Rahmen von Symposien entstehen, und Sommerkino im Garten.

● Turmmuseum, Daffingerstraße 55, 4060 Leonding, Tel. +43 (7 32) 67 47 46

● ÖPNV: Bus 19, Haltestelle Turmmuseum

Es geht um die Wurst

66 Schmausen im Bratwurstglöckerl im Wasserwald

Man könnte doch, dachte sich einst ein Linzer Gastwirt mit Namen Fürst, einen Ausflugsgasthof errichten. Nicht zu weit von der Stadt entfernt, aber trotzdem im Grünen. Denn ein paar Spazierwege unter Bäumen und dazu Gaumenfreuden: Was braucht der Mensch mehr zum Glück?

Fürsts Plan ging auf. Die Linzer zehren davon bis heute, und das im wahrsten Sinne des Wortes. Im Jahr 1928 erstmals eröffnet, hat sich das Bratwurstglöckerl längst zu einer städtischen Institution entwickelt. Mit unterschiedlichen Besitzern und einer wechselhaften Geschichte. So etwa diente das Haus nach dem Zweiten Weltkrieg als Truppenquartier der US-Armee.

Seine idyllische und dennoch recht zentrale Lage am Rand des heutigen Wasserschutz- und Naherholungsgebiets Wasserwald macht aus ihm eine reizvolle Kombination aus Land- und Stadtgasthaus. Die Konzertbühne, die schon 1928 mit dabei war, ist ebenso vielen Linzern ein Begriff. Früher befand sich mitten im Wasserwald noch ein zweites, leider nicht mehr erhaltenes Lokal mit dem Namen Englischer Garten. Hier, wo sich Gassi gehende Hunde und frei lebende Hasen Gute Nacht sagen, herrscht nach wie vor Bodenständigkeit. Das trifft beim Bratwurstglöckerl sowohl auf Küche und Keller als auch auf den Dekor zu. Man schmaust sein Wiener Schnitzel, seine Kasspatz'n oder seinen „Glöckerlschmaus" in einem Stüberl mit liebevoll zusammengestellten Einrichtungsdetails oder schlürft sein Bier im schattigen Gastgarten und schwelgt dazu in dreierlei hausgemachten Erdäpfeltascherl. Bleibt dann noch Zeit, Appetit und Platz im Magen, warten die Powidltascherl, eine gebackene Topfentorte mit Beerenröster oder eine Eis-Palatschinke. Zu diesem Angebot kommen je nach Saison der Heringsschmaus am Aschermittwoch oder die herbstlichen Wildwochen. Und natürlich die beliebten Spezialitäten für ganze Gruppen von Glücksuchenden: das Brat'l-, Knöd'l- oder Ritteressen – bei Letzterem darf die namensgebende Bratwurst nicht fehlen!

- Bratwurstglöckerl, Angerholzerweg 38, 4020 Linz, Tel. +43 (7 32) 34 20 24 www.bratwurstgloeckerl.at
- ÖPNV: Bus 103, Haltestelle Haydnstraße

Klangvoller Name

67

Am Mozarthaus in der Linzer Altstadt

Alle weiteren Vorstellungen fielen buchstäblich ins Wasser. Genauer gesagt in die Donau, als das Linzer Wassertheater im Jahr 1786 seinem Namen alle Ehre machte und ein Opfer der Fluten wurde. Wenige Jahre zuvor hatte jenes Haus noch keinen Geringeren als Wolfgang Amadeus Mozart beherbergt. Der nämlich dirigierte dort am 4. November 1783 die Uraufführung seiner „Linzer Sinfonie".

Wie es heißt, verfasste der Maestro das Werk in C-Dur innerhalb weniger Tage. Das kam so: Mozart hatte Linz bereits mehrmals besucht – so nächtigte er etwa mit sechs Jahren in einem gar nicht weit entfernten Gasthof. Bei jener späteren Reise befand er sich mit seiner Frau Constanze auf dem Weg von Salzburg nach Wien. In Linz wurde der damals 27-Jährige von seinem Gastgeber, dem 72-jährigen Johann Graf von Thun, herzlich empfangen. Nur eines erbat sich der adelige Gönner als Gegenleistung für seine Gastfreundschaft: Musik! Das Problem? Mozart kam direkt von einem Familienbesuch und hatte keine Noten im Gepäck. Doch er stürzte sich in die Arbeit – in jenem Renaissancebau in der Linzer Altstadt gegenüber dem Landhaus, der dem Grafen gehörte und der den Linzern heute als das Mozarthaus bekannt ist. So gelangte Linz zu seiner Sinfonie wie auch zu einer „Linzer Sonate".

TIPP

Am Haus Hofgasse 14 erinnert auch noch heute eine Tafel an Mozarts ersten Linz-Besuch.

Heute lohnt sich nicht nur wegen der Mozart-Büste ein Blick in den Arkadenhof des Gebäudes in der Altstadt 17. Eine weitere Gedenktafel ehrt einen zwar nicht ganz so berühmten, für Linz jedoch mindestens ebenso wichtigen Bewohner des Hauses: den Ingenieur Urbanski, die treibende Kraft hinter der Errichtung der Pöstlingbergbahn.

Vor dem Gebäude, auf dem Landhausplatz, befindet sich ein sehenswerter Brunnen von Ingeborg Kuba. Dieser lässt mit seinen Marktszenen die früheren Brunnen an dieser Stelle wieder aufleben. Schon im Jahr 1618 beklagten sich etwa die Stände, das Landhaus stehe aufgrund eines lecken Brunnens unter Wasser. Womit wir wieder beim eingangs erwähnten Wasserschaden wären.

- Mozarthaus, Altstadt 17, 4020 Linz
- ÖPNV: Straßenbahn 1, 2, 3, 4, Haltestelle Hauptplatz

CK

Schäfchen zählen

68 Tierschutz im Zoo Linz auf dem Pöstlingberg

Man muss nicht exotisch oder ein Wildtier sein, um als gefährdet zu gelten. Ute und ihre Herde können ein Lied davon singen. Sie sind Mühlviertler Waldschafe, eine alte Nutztierrasse. Ebenso wie die Blobe („blaue") Ziege aus den Tiroler Alpen fiel das Waldschaf dem Effizienzdrang in der Landwirtschaft zum Opfer: Die Mentalität „schneller, besser, leistungsfähiger" macht auch vor Woll-, Milch- und Fleischlieferanten nicht halt. Doch Ute & Co. haben Glück! Sie dürfen im Streichelzoo des Linzer Tierparks auf dem Pöstlingberg ihre Lämmer gebären.
Überhaupt beherbergt der als privater Verein geführte Zoo manche Überraschung von A wie Aras bis Z wie Zwergesel oder Chapman-Zebras. Die Erdmännchen und die Kattas sind Besucherhits. Womit wir gleich wieder bei den gefährdeten Tierarten wären: Den afrikanischen Lemuren macht nämlich die Rodung ihrer heimischen Wälder zu schaffen. Zoobesucher können die Linzer Kattas daher gegen Voranmeldung hautnah erleben – mit dem Erlös wird ein Schutzprojekt auf Madagaskar unterstützt. Auch das Rote Pandapärchen Pim und Lea ist Teil eines Arterhaltungsprojektes. Ebenso die Habichtkäuze. Andere Tiere, etwa der Arguswaran und zwei der Nasenbären, wurden mit Hilfe einer Auffangstation aus schlechter Haltung übernommen und dürfen im Zoo endlich artgerecht leben.

TIPP

Der Zoo bietet Tierpflege-Workshops sowie Themenführungen (z. B. Muttertag, Valentinstag) an.

Beim Rundgang erfährt man viel Wissenswertes und oft Verblüffendes über die Tierwelt. Wer wusste zum Beispiel, dass sich Schweine vor Sonnenbrand schützen? Dass beim Nandu der Vater die Küken ausbrütet und dass der Lisztaffe nach der Frisur des Komponisten Franz Liszt benannt ist? Ums Tarnen und Täuschen geht es im Haus der Artenvielfalt: Der Grüne Baumpython verschmilzt mit seiner Blätterwohnung. Die Stabschrecken „verkleiden" sich als Äste und lassen bei Angriffen schon mal ein Beinchen fallen, das dann nachwächst. Und im Tropenhaus heißt es: Schwimmen verboten – denn hinter der Verglasung wartet nicht nur ein Brillenkaiman, es lauern auch die Roten Piranhas.

- Zoo Linz, Windflachweg 1, 4040 Linz, Tel. +43 (7 32) 73 71 80, www.zoo-linz.at
- ÖPNV: Straßenbahn 50 (Pöstlingbergbahn), Haltestelle Tiergarten

Altes Schmuckstück

69 Die Martinskirche auf dem Römerberg

799 – so schreibt sich das Jahr, in dem sie zum ersten Mal urkundlich erwähnt wurde: die Martinskirche an einem geschichtsträchtigen Flecken, welcher sowohl von den Römern als auch bereits von den Kelten besiedelt war. Die betreffende Urkunde stellt übrigens zugleich die erste Nennung überhaupt der Stadt Linz dar und macht die Martinskirche zu einer der ältesten Kirchen Österreichs.

Der damalige Besitzer des Gotteshauses, Graf Kerold, war der Schwager Karls des Großen. Schon zu dieser Zeit bestand offenbar eine Verbindung zwischen der nahe gelegenen Burg (dem heutigen Schloss) und der Kirche.

Fest steht zudem, dass spätestens im 13. Jahrhundert die Pfarrei von der Schlosskirche hinunter in die heutige Stadtpfarrkirche in der Innenstadt verlegt wurde. Das Kirchlein auf dem Berg verlor damit zunehmend an Bedeutung. Unter Joseph II. wurde es im stolzen Alter von etwa 1000 Jahren (!) sogar vorübergehend profaniert und diente während der Franzosenkriege als Pferdestall sowie als Feuerwehrdepot.

Die Linzer aber hingen nach wie vor an ihrer Martinskirche. Im Jahr 1842 wurde sie daher wieder eingeweiht. Und nach der Erneuerung des Kirchturms im Jahr 1884 feierte die Gemeinde das Ereignis mit dem Herabwerfen von Gebäck!

Der einzige Wermutstropfen? Betreten darf man den uralten Glücksort außerhalb der Messen leider nur selten. Immerhin lässt sich durch die Glasscheibe am Eingang die Kopie des italienischen Volto-Santo-Bildes an der Wand erspähen. Aus der Darstellung des gekreuzigten Christus mit Krone und Bart entwickelte sich im Mittelalter die Legende von der Heiligen Kümmernis, einer angeblich bärtigen Königstochter, die einem armen Spielmann ihren Schuh schenkte. Weder Spielmann noch Schuh dürfen auf dem Linzer Bild fehlen!

Schön und stimmungsvoll ist auch die Lage des Kirchleins hoch über der Donau – nur einen kurzen Fußweg vom Martinstor des Linzer Schlosses entfernt.

- Martinskirche, Römerstraße, 4020 Linz
- ÖPNV: Bus 26, Haltestelle Theater

Zum Vernaschen

70 Linzer Torte

Für den deutschen Schriftsteller Ernst August Friedrich Klingemann muss Linz auf seiner Reise im Jahr 1828 ein wahrer Glücksort gewesen sein. In seinen Notizen wusste er gleich drei Attraktionen zu loben, mit denen die Stadt an der Donau für ihn aufwarten konnte: erstens die schönen Linzer Mädchen. Zweitens die von ihnen getragenen Hauben. Und drittens die von ihnen gebackene Linzer Torte. Aus einem Linzer Teig mit Mandeln, Gewürzen und einer fruchtigen Fülle ergab sich nämlich bereits ab dem 17. Jahrhundert ein barock-dekadentes Backwerk, welches auch herrschaftlichen Gaumen ganz vorzüglich munden musste! Anders ist kaum zu erklären, dass sich im Kochbuch der Gräfin Anna Margarita Paradeiser, welche in das italienische Adelsgeschlecht der Sagramoser einheiratete, nicht weniger als vier verschiedene Rezepte für Linzer Torten finden. Jenes mit der Hand geschriebene Kochbuch aus dem Jahr 1653 liefert somit auch den Beweis, dass es sich bei der Linzer Torte um die älteste Torte der Welt handelt. Von „altbacken" kann jedoch keine Rede sein. Bis heute weiß die süße Linzerin sowohl Einheimische als auch Touristen zu beglücken. Was gleich zu einem weiteren Superlativ führte – im Jahr 2011 wurde in Linz die längste Linzer Torte gebacken. Sie war 32,4 Meter lang und wog 450 Kilogramm. Und da es eben mehr als nur ein überliefertes Rezept gibt, verfügt so manche Konditorei oder Bäckerei (etwa auch die k.u.k. Hofbäckerei am Pfarrplatz) über ihre ganz eigene „Original Linzer Torte". Auf diese Weise wurde die Spezialität, ihrem Namen entsprechend, zur Botschafterin der ganzen Stadt. Der beste Tipp für alle Feinschmecker lautet daher: einfach durchkosten!

Übrigens: Die Linzer Torte ist auch das wohl einzige Backwerk der Welt, dem mit einem eigenen Werk des musikalischen Theaters gehuldigt wurde. Während des Zweiten Weltkriegs, genau gesagt am 26. Mai 1944, feierte die Operette „Linzer Torte" von Ludwig Schmidseder ihre Premiere. Natürlich – wo auch sonst – am Landestheater in Linz.

● Linzer Torte, z. B. aus der k.u.k. Hofbäckerei, Pfarrgasse 17, 4020 Linz, Tel. +43 (7 32) 78 41 10, www.kuk-hofbaeckerei.at

● ÖPNV: Straßenbahn 1, 2, 3, 4, Haltestelle Hauptplatz

Ran an den Lack

71

Mural Harbor Gallery im Linzer Hafen

Den Auslöser bildete im Kulturhauptstadtjahr 2009 eine graue Wand. Könnte man sie nicht mit einem Gemälde schmücken? So lautete der Gedanke von Leonhard Gruber, dem späteren Kurator der Mural Harbor Gallery. Der Hafendirektor erteilte sein Einverständnis. Und der Grundstein für die Freiluftgalerie war gelegt.

Mit bereits mehr als 300 Exponaten bietet sie nun internationalen Künstlern eine Bühne für Stylewriting (stilisierte Namenszüge), Street-Art und Wandgemälde. STOHEAD, WALZE, NYCHOS (von dem das Werk auf der rechten Seite stammt), LUNAR, HONEY und viele andere haben sich hier verewigt. Bei den Mural Harbor Walks, den geführten Touren durch die Freiluftgalerie, wird sichtbar: Das Spektrum reicht von 1 Quadratmeter umfassenden Bildern in Bodennähe bis zu großformatigen Wandgemälden, die mit Hilfe eines „Steigers" (Kran mit Korb) entstehen – oder beispielsweise auch den Arbeiten von IKARUS und MESS, welche sich von Dächern abseilen und dabei ihre Namenszüge in vertikaler Schrift hinterlassen. SHEDs Selbstporträt mit Spraydose gehört zu den Klassikern der Galerie und findet sein neueres Gegenstück in einem Selbstporträt der Russin KOKEL – denn auch Frauen spielen in der Graffitiszene längst eine Rolle.

Die Porträts von Internetpersönlichkeiten des Australiers @LUSHSUX wiederum dienen als plakatives Beispiel für die Vergänglichkeit der Kunstform: Von den Namen, die bei ihrer Entstehung im Jahr 2017 in aller Munde waren, dürften heutigen Besuchern bloß noch ein oder zwei bekannt sein. Die Galerie befindet sich eben stets in Bewegung. Man könnte sagen: im Fluss.

Zum Stichwort „in Bewegung" passt auch hervorragend der extra aus München importierte und in der Folge von Künstlern besprühte U-Bahn-Waggon, an dem die Touren (es gibt übrigens auch welche per Schiff) ihren Ausgang nehmen. Und während an ungenutzten Wandflächen neue Gemälde entstehen, verschwinden beispielsweise durch Baumaßnahmen andere schon wieder …

TIPP

Bei den erweiterten Touren dürfen Glücksuchende selbst zur Dose greifen und gute Laune versprühen!

● Mural Harbor Gallery, Industriezeile 40, 4020 Linz, www.muralharbor.at
● ÖPNV: Bus 27, 46, Haltestelle Hafen

72 Die Buschenschank in den Weingärten von Leonding

Moment mal! Auf den ersten Blick sorgt der Anblick des spitzen Kegeldachs für Verwirrung – war man nicht gerade eben beim Turmmuseum vorbeigekommen? Die Ähnlichkeit des Gebäudes mit den Türmen der Maximilianischen Verteidigungslinie ist kein Zufall. Ungefähr hier erhob sich nämlich einst der Turm 8 mit dem Namen Margarethe, die direkte Nachbarin des heutigen Turmmuseums.

Von dieser lokalgeografischen Besonderheit abgesehen, kann man aber durchaus glauben, man befände sich plötzlich in Italien oder zumindest einem der (süd-)östlicheren Teile Österreichs – etwa den Weingegenden um Krems, im Burgenland oder in der Steiermark. Weingärten erstrecken sich links und rechts der Straße. Beim Eintreten wird man gleich unter dem Vordach von einer Skulptur begrüßt, die zwei fröhliche Musikantenkinder mit Geige und Flöte auf einer Bank zeigt. Und das Lokal trägt den Namen Die Buschenschank – benannt nach den Büscheln aus Reisig oder Wacholder, mit deren „Ausstecken" ein Weinbauer zeigt, dass bei ihm ausgeschenkt wird. Apropos Wein: Der ist für sich betrachtet schon eine kleine Sensation, trinkt man in Oberösterreich doch aufgrund der vorherrschenden Granitböden und des vergleichsweise harschen Klimas eher Apfel- und Birnenmost. Tatsächlich aber gab es schon im Mittelalter auf den Hügeln rund um Linz Weinbau – und diese alte Tradition wird hier, wie auch am nahen Nussböckgut, neu belebt.

Nebenbei verfügt die Buschenschank über eine der schönsten Lagen der Gegend. Von ihrer Terrasse sieht man bei gutem Wetter weit übers Alpenvorland bis zu den fernen Gebirgsketten. Außer dem eigentlichen „Turm" umfasst die Gaststätte großzügige Räumlichkeiten für eine oder gleich mehrere Festgesellschaften und wird daher gern für Feierlichkeiten genutzt. Die Speisekarte verbindet Wirtshausklassiker mit den Brettljausen und Winzerbroten einer traditionellen Buschenschank. Besonders zu empfehlen: gebackene Powidl-Pofesen als Nachtisch und – für Nicht-Weintrinker – die Erdbeer-Basilikum-Limonade!

TIPP

Als Ziel für einen kurzen Verdauungsspaziergang bietet sich die alte Eiche (Glücksort 58) an!

● Die Buschenschank, Daffingerstraße 35, 4060 Leonding, Tel. +43 (7 32) 23 94 90
www.diebuschenschank.at
● ÖPNV: Bus 19, Haltestelle Turmmuseum

Trau(n) dich!

73 Zu Fuß oder per Rad unterwegs in den Traunauen

In der Grafischen Sammlung des Linzer Schlossmuseums befindet sich als besonderes Highlight eine Federzeichnung von Franz Nikolaus Pernlohner. Gegen Ende des 17. Jahrhunderts entstanden, nimmt sie drei komplette Wandseiten ihres Ausstellungsraums im ersten Stock ein. Bei der rund 22 Meter langen Grafik handelt es sich um eine detaillierte Karte, die den mehr als 150 Kilometer umfassenden Verlauf der Traun ersichtlich macht: von ihrem Ursprung im Toten Gebirge bis zur Mündung in die Donau.

Und nahe ebenjener Mündung bewegen wir uns hier. Wer sich von der Solar City kommend nordwärts in Richtung Au wendet, gelangt zwischen den Weikerlseen ans Traunufer. Gegenüber lässt sich der sogenannte Traunspitz erahnen, an dem die beiden Flüsse aufeinandertreffen und sich vereinen.

Am anderen Traunufer, in den Auen, lag einst ein Dorf: St. Peter. Mit einer Pfarrkirche, mit Bauernhöfen, aber auch einer Seifenfabrik und einer Spinnerei. Mit Kirtagen, Fronleichnamsprozessionen und – dank der Flussnähe – einer alljährlichen Hochwasser-Regatta in Schweinetrögen. Was davon übrig ist? Nichts. Im Jahr 1915 wurde St. Peter nach Linz eingemeindet und zwei Jahrzehnte später geschleift. Die blühenden Bäume, das Getreide, ja, selbst der Friedhof, alles musste weichen: Die Nationalsozialisten benötigten den Platz für den Bau der Hermann-Göring-Werke.

Heute wird daher drüben nicht mehr gefischt oder getanzt, und nirgendwo wiehert ein Pferd. Doch an unserem Ufer der Traun führt ein Rad- und Spazierweg entlang. Der blaue Himmel und die Wolken spiegeln sich auf der Wasseroberfläche. Ein paar Schwäne ziehen vorbei. Aus einem Werksgelände ertönt das gleichmäßige Surren und Rumpeln von Maschinen, durchbrochen vom Schrillen einer Sirene. Wer genügend Zeit mitbringt, sollte unbedingt einen ausgedehnten Spaziergang oder gleich eine Fahrradtour bis zur Traunbrücke von Ebelsberg einplanen. Fußgänger können von dort ganz einfach die nächste Straßenbahn stadteinwärts nehmen.

- Traunauen, nahe Solar City, 4030 Linz
- ÖPNV: Straßenbahn 2, Haltestelle solarCity-Zentrum

Wo der Pfeffer wächst

74 Weltreise im Botanischen Garten Linz

Mehr als 10.000 heimische wie auch exotische Pflanzenarten tummeln sich auf circa 4 Hektar Grund auf einem der Linzer „Berge". Glück-suchende können hier eine Weltreise auf kleinem Raum buchen: Gegenüber dem Alpinum mit seinen Gebirgspflanzen, die in eine Hügel- und Mooslandschaft mit einem sprudelnden Bach eingebettet sind, beginnt bereits Afrika. Die japanische Lärche erweckt wohl bei manchen sehnsüchtige Erinnerungen an die Versteckspiele der Kindheit, während der wuchernde Bambus daneben jedes Pandaherz erfreuen würde. Und von Asien geht es gleich weiter in den englischen Rosengarten. Der nächste Urlaub im Süden liegt noch in der Ferne? Zum Trost empfiehlt sich ein Besuch bei den Zitrusfrüchten, die am Eingang zu den Gewächshäusern überwintern. Oder bei den Yuccapalmen und Agaven im Kakteen- und Sukkulentenhaus dahinter. Und alle, die sehen wollen, welche Pflanzen den Kakao für die Schokolade im Büro oder die Kokosmilch fürs Lieblings-Wok-Gericht liefern, begeben sich am besten ins angrenzende Tropenhaus. Auch Ananas und Pfeffer sind hier vertreten. Aber Vorsicht: nicht der fleischfressenden Kannenpflanze zum Opfer fallen!

Regionale Besonderheiten hat der Garten ebenfalls zu bieten. Da wäre etwa im Orchideenhaus die Fuchs-Tillandsie – benannt nach Franz Fuchs, der hier in Linz jahrelang für die Orchideen- und Tillandsiensammlung verantwortlich zeichnete. Draußen ermöglicht eine Mehrpersonen-Hollywoodschaukel Besuchern den Blick über den Seerosenteich zum Pöstlingberg. Im Teich zu bestaunen: die Pöstlingberg-Seerose, die vor mehr als 100 Jahren ebendort gezüchtet und erst kürzlich wiederentdeckt wurde.

Und bei den zwergisch anmutenden „Häuschen" mit einem spitzen Dach, denen man beim Spaziergang immer wieder begegnet, handelt es sich um die Belüftung des sogenannten Aktienkellers – eines Stollensystems unter dem Berg. In ihm wurden einst die Bierfässer der Brau-Aktiengesellschaft gelagert und später Champignons gezüchtet.

- Botanischer Garten Linz, Roseggerstraße 20, 4020 Linz
www.botanischergarten.linz.at
- ÖPNV: Bus 27, Haltestelle Botanischer Garten

Das Kreuz mit den Wienern

75 Andacht im Maria-Empfängnis-Dom

Es war einmal eine Prinzessin. Nein, die Rede ist nicht von Kriemhild, der Schwester König Gunthers, deren Brautreise entlang der Donau bereits an anderer Stelle erwähnt wurde. Vielmehr handelt es sich diesmal um die 16-jährige Elisabeth von Wittelsbach. Am 21. August 1854 erreichte die spätere Kaiserin Sissi Linz und traf hier ihren Zukünftigen. Nach einem Empfang und einem Theaterstück (man spielte „Die Rosen für Elisabeth") ging es am nächsten Morgen mit dem Expressdampfer „Franz Joseph" weiter zur Hochzeit nach Wien. Von dieser und anderen Begebenheiten erzählen das „Kaiserfenster" und das „Linzer Fenster" des Maria-Empfängnis-Doms.

So hoch wie der Stephansdom hätte er sein sollen! Doch untersagte dies – heißt es – der Kaiser, der „seine" Wiener nicht durch die provinziellen Linzer bloßgestellt sehen wollte. Daraufhin machten die Linzer ihren Kirchturm zähneknirschend 2 Meter niedriger und dafür schlauerweise das Kreuz auf ihm 2 Meter höher als beim Wiener Vorbild. Rekordverdächtig ist auch die Bauzeit: Von der Grundsteinlegung bis zur Fertigstellung des Gotteshauses vergingen mehr als 70 Jahre.

Das Ergebnis der langen Mühen beeindruckt. Die hohen Mosaikglasfenster und die neugotischen Säulengewölbe weit über dem Kopf der Besucher strahlen bis heute Ehrwürdigkeit und Ruhe aus. Das ferne Sirenengeheul eines Krankenwagens wirkt dagegen wie ein Eindringling aus einer hektischeren Welt. Man kommt sich klein vor – nicht nur im Vergleich zu den überlebensgroßen Statuen der Heiligen Petrus und Paulus unterhalb der mächtigen Rudigierorgel – und dennoch beschützt. Zwei Besonderheiten birgt das auch unten den Namen Neuer Dom oder Mariendom bekannte Gotteshaus übrigens in luftiger Höhe: erstens die ehemalige Türmerstube, welche nun von sogenannten Turmeremiten im Wochentakt bewohnt werden darf. Und zweitens eine Zeitkapsel in der goldenen Kugel unterhalb des Turmkreuzes. Ihr Inhalt stammt aus dem Jahr 1901 und wurde anlässlich einer Sanierung im Herbst 2021 zeitgemäß ergänzt – unter anderem mit einer FFP2-Maske.

- Maria-Empfängnis-Dom, Herrenstraße 26, 4020 Linz
- ÖPNV: Bus 26, 45, Haltestelle Mariendom

Kombüsen-Genuss

76 An Bord des Salonschiffs Fräulein Florentine

Am nördlichen Donauufer liegt ein Schiff vor Anker. An und für sich kaum eine Tatsache, die eine Erwähnung verdient. Linz befindet sich schließlich auf der Route von Passau ans Schwarze Meer, und Flusskreuzer sind an der Lände keine Seltenheit.

Das Salonschiff Fräulein Florentine jedoch ist nicht bloß auf der Durchreise, sondern Tag und Nacht vor Ort. Und wenn an lauen Sommerabenden die Sonne sinkt, wenn sich nur mehr ein paar vereinzelte Strahlen in der Donau spiegeln oder den goldenen Schriftzug oberhalb des Decks schimmern lassen, dann pilgern die Linzer zu ihrem Schiff. Wer sich über die schmale Gangway nach unten wagt und den frischen Duft des Wassers einatmet, den befällt sogleich ein wenig Fernweh, ein wenig Sehnsucht nach unbekannten Orten. In den Strandkörben an Deck lässt sich sodann gemütlich ein Getränk vor einer atemberaubenden Kulisse genießen: mit Blick zum Schlossberg, zur Nibelungenbrücke, zum Kunstmuseum Lentos, dem hohen gelben Turm der Stadtpfarr- und den beiden kleineren der Jesuitenkirche.

Neben der flüssigen darf die feste Seemannsnahrung aus der Kombüse nicht fehlen. Empfohlen seien etwa die Spezialtoasts mit ihren sympathischen Namen, ob nun der „Salonfisch Florenthuna" oder „Feta und der Wolf".

Und wenn es dunkel und kühler wird? Dann kuschelt man sich eben zu zweit in seinen Strandkorb, trotzt im schummrigen Licht einer Schiffslaterne dem aufkommenden Wind – oder flieht unter Deck. Die bunt zusammengewürfelte Einrichtung dort erweckt einerseits Assoziationen an das eigene heimelige Wohnzimmer, andererseits auch an den schon etwas verblassten Chic der Ozeandampfer vergangener Jahrzehnte.

Übrigens: Ein absoluter Geheimtipp ist das Salonschiff abends während der halbjährlich stattfindenden Urfahraner Jahrmärkte. Dann nämlich bekommen Gäste hier für den Preis eines „Drunken Sailor"-Biers (oder eines Pots Assam Mangalam oder eines „Donauwassers" mit Ingwer und Limette) die besten Plätze für das Jahrmarktfeuerwerk gratis dazu.

- Salonschiff Fräulein Florentine, Anlegeplatz am nördlichen Donauufer nahe der Ars-Electronica-Straße, 4040 Linz, www.frl-florentine.at
- ÖPNV: Straßenbahn 1, 2, Haltestelle Wildbergstraße

Land in Sicht

77 Schaufensterbummel durch die Landstraße

Einst fuhr man ab hier schon übers Land: Die heutige Linzer Einkaufsmeile grenzt nicht umsonst an die Schmidtorstraße – denn im Mittelalter befand sich hier beim späteren Taubenmarkt das Tor der Schmiede, die wegen ihrer (im wahrsten Sinne des Wortes) brandgefährlichen Tätigkeit außerhalb der befestigten Stadt hausen mussten. Von ländlicher Idylle ist freilich nichts mehr zu spüren. Tauben werden ebenfalls nicht mehr feilgeboten! Dass sie sich heutzutage weiter zur Genüge hier tummeln, ist wohl eher dem reichhaltigen Futterangebot durch einen Imbiss und ein großes Fast-Food-Lokal geschuldet. Immerhin weist uns ihr Flattern darauf hin, den Blick auch einmal gen Himmel schweifen zu lassen. Und wer das tut, wird sogleich mit dem Anblick zweier schöner Marienstatuen an den umliegenden Häusern belohnt (Landstraße 1 und Domgasse 22).

Beim anschließenden Spaziergang „landeinwärts" in Richtung Süden fällt auf: Die Landstraße ist ständig im Umbruch. Läden werden umgebaut oder neu eröffnet. Man shoppt Mode, Spielzeug, Schmuck und holt sich zwischendurch einen Krapfen vom Konditor, ein Viertel Pizza, ein Backfisch-Baguette oder einen Burger. Bei einigen Lokalen handelt es sich um alteingesessene Institutionen. Andere bewegen sich am Puls der Zeit.

Vieles bleibt dem Betrachter von außen überhaupt verborgen. Etwa die Gänge des Einkaufszentrums LINZERIE oder der schattige Gastgarten im Klosterhof. Dagegen kennt so mancher Linzer die Türme der Ursulinenkirche aus nächster Nähe, waren sie doch in das Kunstprojekt Höhenrausch eingebunden. Die Karmelitenkirche befindet sich gleich daneben und jenseits der Mozartkreuzung trifft man auf ein drittes Gotteshaus: die schlichte evangelische Martin-Luther-Kirche. Vor der Kreuzung der Bürgerstraße, wo sich die Menschenströme allmählich verlaufen, wartet noch ein weiteres architektonisches Schmankerl: Das Haus Landstraße 58 beeindruckt mit einer sezessionistischen Fassade von Gustav Steinberger. Stilvoll!

● Landstraße, 4020 Linz
● ÖPNV: Straßenbahn 1, 2, 3, 4, Haltestelle Taubenmarkt

JOHANN'S
GEBÄCK

Kraftwerks- und Dammbauer

78 Rodl-Runde in Ottensheim

Es geht donauaufwärts – ausgehend von der Anlegestelle der Drahtseilbrücke und des Donaubusses. Auf dem gepflasterten Treppelweg schlendern wir in Richtung Au. In der Ferne überbrückt den Fluss das Donaukraftwerk Ottensheim-Wilhering, das seinem Namen zum Trotz zur Gänze auf Ottensheimer Gebiet liegt. Sympathisches Detail für Tierfreunde: Die Hauseingänge der Gebäude an der Donaulände 17 und 18 werden von je einer steinernen Katze bewacht.
Ein paar Schritte noch und man sieht bereits die Vermählung zweier Gewässer. Hier nämlich mündet die Rodl in die Donau. Entlang des Auwalds wandern wir weiter. Vorbei an den Skulpturen auf der Wiese, von denen jene mit den metallenen „Papier"-Schiffchen wohl so manchem ein nostalgisches Lächeln ins Gesicht zaubert. Wer dem Drang widersteht, sich auf einem Trampelpfad in den Wald zu schlagen, gelangt zu einer Brücke. Hier lässt sich die Große Rodl überqueren. Drüben geht es weiter nach links, zunächst dem Wasserlauf folgend. Das allgegenwärtige Rauschen wird lauter, als drängte die Rodl schon nach ihrem Reiseziel.
Wir verlassen ihr Ufer dort, wo die Straße eine Kurve macht und uns weiter zur Regattastrecke auf einem Seitenarm der Donau führen würde. Mitten in der Kurve zweigt ein Weg in den Wald ab. Die an seinem Eingang angebrachte Duschbrause verrät schon, was dahinter wartet: ein sommerliches Badevergnügen! An diesem Frühlingstag aber gehört der Auwald noch den Vögeln, die ihre Lieder einüben. Und – manch ein angenagter oder bereits gefällter Stamm verrät es – den hier ansässigen Bibern!
Auf dem Weg zurück folgen wir hinter der Brücke geradeaus der Straße mit einem schönen Blick auf Schloss Ottensheim. Wer den Aufstieg auf einen Hügel nicht scheut, dem sei ein Abstecher über die Jakob-Sigl-Straße zum Friedhof empfohlen. Der heimische Künstler Fritz Fröhlich liegt hier begraben, der für mehrere Fresken in Linz und Wilhering verantwortlich zeichnete. Seine Skulptur „Hiobs Klage" befindet sich neben der Kapelle.

TIPP

Im Sommer finden am Rodlgelände Open-Air-Musikfestivals mit Tausenden Besuchern statt.

- Rodlgelände und Auwald, 4100 Ottensheim
- ÖPNV: Regionalzüge von Linz-Urfahr (Mühlkreisbahnhof), Bahnhof Ottensheim

Mit Vollgas westwärts

79 Sightseeing-Fahrt mit dem Donaubus

Zunächst verrät nur die Beschilderung, dass wir richtig sind: beim Republikdenkmal unterhalb der Nibelungenbrücke. Ein Fahrgast mit Rad wartet bereits auf einer Regenbogenbank. Das Blau des Himmels spiegelt sich in der Donau. Oben rumpelt die Straßenbahn auf der einstigen Grenzbrücke von Urfahr nach Linz.

Busfahren hat in Linz Tradition. Zwar verfügt die Stahlstadt über Straßenbahn- und S-Bahn-Linien und sogar eine „Mini-U-Bahn", der Großteil des öffentlichen Verkehrs entfällt aber auf die Straße. Busfahren auf der Donau ist erstaunlicherweise ebenfalls nicht neu! Schon in den 1950ern pendelte ein sogenannter Donaubus zwischen Linz und Passau. 2019 ließen zwei Brüder aus Ottensheim die Tradition wieder aufleben. Mit drei selbst gebauten Katamaranen betreibt Peter Luger nun den Donaubus auf der Strecke Linz–Ottensheim sowie die Längsfähre in der Schlögener Schlinge.

Da kommt er schon, der braune „Kat" mit der leuchtend blauen Aufschrift. Rasch aus- und eingestiegen, die Räder an der Reling festgezurrt, die Rampe heraufgeklappt, und es geht los. Quasi als Schnellbus fegt der Donaubus am Strand von Alt-Urfahr vorbei: Sogar bei Gegenströmung bringt er es auf um die 20 Stundenkilometer, bei der Rückfahrt auf etwa 33.

Dennoch bleibt Zeit für Sightseeing: links der Urlaubstein, die Kirche von St. Margarethen und die Klause Adelgunde der Maximilianischen Turmlinie; rechts die Gartenstadt von Puchenau. Hier lässt der Ruderverein gerade ein Boot ins Wasser. Radfahrer winken. Ein Cityjet der Mühlkreisbahn rauscht vorbei. Bald sieht man auf der Ottensheimer Uferseite den Dürnberg, gegenüber die Stiftskirche von Wilhering. Aus der Au strömt ein überwältigender Duft nach Grillfleisch, begleitet von mehr als einer Rauchfahne. Hinter einer langen Kurve erheben sich Schloss und Pfarrkirche von Ottensheim. Und nun erspähen scharfe Augen auch das Seil der Querfähre sowie den zweiten Donaubus an seiner Anlegestelle. Knapp 30 Minuten hat die Fahrt gedauert. Sie ist wie im Fluge vergangen.

TIPP

Der Donaubus kann bis zu zwölf Personen gleichzeitig befördern – Reservierung daher empfohlen!

● Luger OG – Donaubus, Donaulände 29, 4100 Ottensheim, www.donaubus.at
Abfahrt Linz: unterhalb von Neuem Rathaus/Nibelungenbrücke, 4040 Urfahr
● ÖPNV: Straßenbahn 1, 2, 3, 4, Haltestelle Rudolfstraße

DONAUBUS

Muh oder Mäh sagen

80 Wildwest-Feeling im Cowboymuseum Fatsy

„Howdy!“ lautet die fröhliche Begrüßung hier am Rande von Linz. Das hohe Gras wiegt sich im Wind. Pferde grasen auf den Koppeln gegenüber dem einzigen Cowboymuseum Europas. Halb erwartet man, die Präriehunde pfeifen zu hören.

Das Museum in einem mehr als 500 Jahre alten Haus wird von Ilse Ratzenböck geführt und wurde von ihr und ihrem verstorbenen Mann gegründet. Woher kam die Leidenschaft für das Amerikanische? Nun, Hans Jörg „Fatsy“ Ratzenböck wuchs in unmittelbarer Nähe einer US-Besatzungskaserne auf. Blue Jeans und weiße T-Shirts, Kaugummi, Comics über Cowboys und Indianer – für ein österreichisches Kind der Nachkriegszeit eine Welt voller Wunder. Später bereisten er und seine Frau die Staaten. Im Gepäck: Lederhosen und Hüte mit Gamsbart, die sie gegen Exponate für das Museum eintauschten.

Bei so viel Liebe zum Authentischen ist es kein Wunder, dass das Linzer Cowboymuseum bereits mehrfach ausgezeichnet wurde. Denn es hat sich auf die Fahnen geschrieben, das wahre Leben der Cowboys und der mit ihnen verbundenen Menschen zu präsentieren. Etwa der Rinderbarone nach dem Amerikanischen Bürgerkrieg. Während es damals in Texas rund drei Millionen Longhorn-Rinder gab, waren der Norden und Osten größtenteils fleischlos. Gewiefte Geschäftsleute heuerten daher Jungs an, die das Vieh hinauf zu den Verladebahnhöfen in Kansas trieben. Aus den Arbeitsbedingungen entwickelte sich die Kleidung der Cowboys: der breitkrempige Hut, der auch genutzt wurde, um ein verletztes Pferd mit Wasser zu versorgen; das Halstuch, welches man sich vor den Mund band, um nicht den von Tausenden Rinderhufen aufgewirbelten Staub einzuatmen; die bodenlangen Chaps, die vor den Stößen der Hörner und den Bissen der Klapperschlangen schützten.

Neben Cowboys und Rinderbaronen dürfen in der Linzer Prärie aber auch der Sheriff, die Besucher eines kleinen Saloons und Lakota-Krieger in ihrer Stammeskleidung aus dem Reservat Pine Ridge nicht fehlen. In diesem Sinne: Yee-haw!

- Cowboymuseum Fatsy, Traundorfer Straße 266, 4030 Linz-Pichling, Tel. +43 (7 32) 79 18 55, www.cowboymuseum.at
- ÖPNV: Bus 11, 19, 105, Haltestelle Oidener Straße

Die Autorin dankt dem
österreichischen Bundesministerium
Kunst, Kultur, öffentlicher Dienst und Sport
für die Unterstützung während der Arbeit
an diesem Buch.

Bibliografische Informationen der Deutschen Nationalbibliothek
Die Deutsche Nationalbibliothek verzeichnet diese Publikation in der Deutschen Nationalbibliografie; detaillierte bibliografische Daten sind im Internet über http://dnb.d-nb.de abrufbar.

Konzeption/Satz: Droste Verlag, Düsseldorf
Einbandgestaltung und Illustrationen: Britta Rungwerth, Düsseldorf, unter Verwendung von Bildern von © Fotolia.com: jd - photodesign.de; © iStock: Plociennik Robert
Fotos: Barbara Schinko, außer: Christoph Baur: S. 119; Blochberger Eisproduktion GmbH: S. 19; Leonhard Gruber: S. 149; Itms4you - IT & multimedia solutions GUTENTHALER PHOTOGRAPHY: S. 139; Rainer Putzinger: S. 167; Lukas Riegel: S. 137; Visual Kings/Alexander Hölzel: S. 151; www.stock.adobe.com/sailer: S. 67
Textlektorat: Annedore Fausak, Neuss

Druck und Bindung: LUC GmbH, Greven
ISBN 978-3-7700-2547-3

www.droste-verlag.de